文史哲學集成

南宋高宗偏安江左原因之探討

張峻榮著

文史哲出版社印行

國家圖書館出版品預行編目資料

南宋高宗偏安江左原因之探討 / 張峻榮著.
-- 初版 -- 臺北市：文史哲, 民 75.03
面； 公分 --（文史哲學集成；141）
ISBN 978-957-547-347-1（平裝）

文史哲學集成 141

南宋高宗偏安江左原因之探討

著　者：張　峻　榮
出版者：文史哲出版社
http:// www.lapen.com.tw
e-mail：lapen@ms74.hinet.net
登記證字號：行政院新聞局版臺業字五三三七號
發行人：彭　正　雄
發行所：文史哲出版社
印刷者：文史哲出版社
臺北市羅斯福路一段七十二巷四號
郵政劃撥帳號：一六一八〇一七五
電話886-2-23511028・傳真886-2-23965656

實價新臺幣二八〇元

一九八六年（民七十五年）三月初版

ISBN 978-957-547-347-1 00141

自序

幼讀國史，每閱至宋代，視其國力之積弱不振，屢爲外患所欺，輒往往掩卷嘆息，不忍卒讀，甚或避而越跨，蓋終存輕蔑之心也。及年齒徒長，識見漸豐，始知讀史可以知鑑得失興替，方能平泯意氣之怒，靜心觀讀，然終有未釋於心者。逮入大學，緣窺史學之門，復得修習此科課程，經師長先進啓發，始盡改先前之偏見，略知此時代中華先賢之輝煌成就於一二。

然有宋一代積弱不振，外患不斷，終是事實，察其根由，重文輕武，乃宋太祖得國後，懲於五代兵禍之患，乃定強幹弱枝，集權中央之國策。宋帝國雖因此得繼持內部安定，但卻矯枉過正，再也無力抗禦北方遊牧民族之侵擾。

宋室積弱之痼弊，雖經有識者之力圖扭轉，惟終因習氣已深，武力不但日墮，士大夫也陷入意氣之爭，而倖進之輩遂假柄亂政，致有靖康之難。幸宋臣民感懷祖宗德澤，乃有南宋朝廷之再肇，而軍人在此危急存亡之秋，爲君王所託付，肩負起禦外安內之大任，他們幸不辱使命，終於達成任務。

在此輩武將中，岳飛的忠貞力主恢復久爲史書所傳頌，而秦檜之奸佞賣國陷害岳飛也早爲世人所唾罵，甚至有以南宋屈辱求和斷送北伐前程，實檜主之，則其爲千古之民族罪人歟！但細讀此時期之史料，則益發察覺到在此君權炙盛遠超前代的時空下，君主個人之意旨實已足以影響一國國策之決定，蓋「朕即天子也」。因此南宋議和，實高宗主張也，秦檜執行也，陷殺岳飛，高宗欲行也，秦檜奉行也。

高宗何以置君父之仇於不顧，而自壞長城靦顏事仇，屈辱求和呢？而宋金必和嗎？前賢對此論述頗多，惟多不備全，殊爲可憾。個人不揣淺陋，乃試圖整理前賢之說，分別就高宗本人非和不可的理由，宋臣民的矛盾和金朝內部的矛盾逐一作一剖析，期使對此一時代歷史有更透澈之了解，更希望藉此文釐清宋朝君權獨裁之本來面目，併以激勵儒家大丈夫浩然之氣也。

此文若能有所俾益知鑑往來於萬一，當得益於昔日恩師、學長、益友啓迪敦促之力，書成之際，謹此誌上謝語，至或陋簡，筆者才疏學淺，自當身受任之，至懇博雅君子，不吝賜正，幸甚！

張峻榮識　歲次丙寅元月三日

南宋高宗偏安江左原因之探討　目次

第一章 緒論

宋欽宗靖康二年三月二十九日金將領粘罕（宗翰）擄宋朝徽、欽二帝及皇后、太子、親王、妃嬪宗戚、大臣三千餘北去，史稱「靖康之難」。當此二帝蒙塵，中原塗炭舉國惶惶無主的情況下，宋康王構得倖免逃難在外，先於靖康元年十二月就任兵馬大元相帥於相州（今河南安陽縣）（註一），並在金人北去，張邦昌自動退位後，於靖康二年五月一日爲臣下勸進即位於南京（即應天府，今河南商邱縣）（註二），是爲高宗，並改元建炎，史稱南宋。

自建炎元年高宗即位（西元一一二七年）至厓山之役，陸秀夫負帝昺蹈海而死，南宋亡爲止（西元一二七九年），南宋竟能維持一百五十二年的偏安朝廷。這種原因除了金人在南下後不復能重加施展昔日騎兵作戰於江南湖澤地區外，再加上由陸戰改爲水戰後戰爭有利因素消失，心理恐慌而處處受到掣肘。而更重要的是南宋諸將在屢經戰敗的經驗中也逐漸磨練出其驍勇敢戰的膽識能力，一掃初期那種一接戰即恇怯潰散的難堪局面，更不時頻傳捷報，逐步建立信心，鞏固南方偏安局勢。

際此兵馬倥偬之時，宋高宗構的被擁立即位，以及隨後的與金和戰關係無疑是整個南宋朝廷建立與否關鍵之所繫。若無前者，則宋宗室乏人，張邦昌僭位僞楚勢必無得正名分而誅討，金人扶植傀儡政權，企圖「以漢制漢」由異姓入主中原進而併呑南方的策略則極有成功之希望。那麼也勿庸再多延後一百五十餘年由蒙古人滅宋，而由金（女眞）人提前完成征服中國漢族王朝的夢想。而事實上也因爲北宋朝的文人政府確實曾廣被德澤，宋臣民雖經宣和怠政之荼毒，仍感懷趙氏祖宗之德惠而念念不忘擁戴趙氏。故張邦昌雖萌僭貳之心（註三），終迫於呂好問等之公議，既而自動退位，迎元佑皇后入宮垂簾聽政，再遣使赴濟州（今山東濟寧）勸康王構即眞，而奠立南宋建朝的基石。

至於後者則關係著整個南宋朝廷基礎之穩固與否，若南宋軍力一如北宋末期之缺乏戰鬥能力，則雖高宗被擁立，靖康之禍悲劇難保不再重演。而事實也正足以說明南宋朝廷的基礎是建立在軍事力量的茁壯成長，尤其是以韓世忠、劉光世、張俊、岳飛等軍人的戰功爲最。他們的發展與形成也多賴南宋政府的默許與卵翼，宋高宗的默認四鎭實力成長，實意味著南宋之建立與四鎭兵力形成是息息相關的（註四）。

但隨著武人力量的過度膨脹後，高宗趙構則沿其祖宗猜防心理及集權中央的傳統，勢必對這批功高震主的軍人大加貶抑。況且從他即位初期就遭到苗傅、劉正彥等軍人叛變被迫遜位，後又經杜充、酈瓊之叛，豈能不對軍人深懷警惕之心？而高宗本人對於北伐中原收復故土一事實承北宋眞宗恇弱之心態，雖屢詔誓師，實多存觀望，並不具信心。這可由他在相州出任大元帥後，出兵馳援京師在濟州延宕不前（三個半月），以及由濟州赴應天府即位的迅速（三天）再加上隨後在南京停留一百五十天後下詔巡幸的史實皆足可說明。更何況這其間有宗澤九次上奏請還都京師，李綱奏請募兵買馬力圖中興，而高宗竟不爲動容而逃往江南，可見其偏安自全的心理（註五）。至於在宋金交戰之際，趙構仍不時遣使敵方，名爲遺問，實求議和以達劃地自保，再加上文臣主和派秦檜者流的迎奉要脅，南宋的偏安自限已是不必待言。

因此隨著南宋諸將的內平盜寇，外抗金齊，逐漸隱固其在江南的脚步，且議和已成定局之時，高宗對這批日益難以駕馭的軍人，終必採罷鎭求和之擧。逮至紹興十一年宋金議和已定後，四鎭之軍事、行政、財政諸權也隨著收歸中央，而宋金南北對峙局勢也于此時塵埃落定，宋旣摧折諸將無意匡復只圖苟存，金亦受困蒙古無力南侵，共存局面形成。（註六）

對此自靖康難後迄紹興十一年間，宋金十四年之和戰關係，前賢多有論述，玆不贅言。今所欲探討者，乃南宋高宗之個人身世與人格及其所建立之朝廷是否具有中興之實力。有關前者，蓋宋代雖爲一文人政府（註七），但其專制王朝實已具雛形，君主獨裁的發展也達一定之程度（註八），故高宗本人的身世人格研究實可作爲宋金和戰的線索之一。至如後者則試從幾方面著手，一爲靖康難後的北方局勢（包括河淮、川陝兩部份）之探討，二爲高宗南逃後軍力重建實力之評估，三則爲朝廷文武官僚對金和戰爭議之估量（這包括宗澤、李綱、張浚、四鎮主戰派的論點和黃潛善、汪伯彥、汪藻、秦檜等主和派論點歧異處），以及金（女眞）人征服中國實力之探究等問題皆是所擬討論者。至如南宋爲抵抗金、齊的侵略所負担之沉重財政支出是否也構成議和因素，也將列入本文加以考察。

吾人若對上述問題能有較客觀之考察，容或可對此時期之宋室偏安江左有較明確之理解，而南宋經偏安而後再襲北宋故智聯合蒙古期以滅金，以致再蹈覆轍而爲蒙古所亡，其淪亡之線索似亦可由此而探溯得之乎？此誠是歷史一吊詭之命題，亦彌足吾人深思三省矣。然史者，往事也，實不可蠡測作或然之論，否則將陷史論之窠臼耳。故今擬謹就史料鋪陳排比，以說明此時期之政局大勢，若有評斷則儘量以較客觀、冷靜之態度處理、考察，誠欲企圖明瞭此一時期和戰關係之所寄也。

本文之撰寫，實多因石文濟先生「南宋中興四鎮」乙文啓發頗多，然石先生一文偏重於四鎮形成、罷廢，兼及四鎮之軍事措施、行政、財政、社會措施以及四鎮之內外關係，本文則試從君主之人格以及朝廷政治、財務的層面去探索，其中還包括敵方（金）實力的判測，以求抓住此時期和戰關鍵所在。筆者才學疏淺，不免心有所囿，所見必有偏失疏漏，再以倉卒成文錯誤必多，且於史料取捨難免夾以個人主觀愛惡，所作論斷也就不夠周延成熟，凡此種種缺失，唯待諸先進不吝賜敎指正，以期他日更求精進了。

【註釋】

註一　宋　徐夢莘編　三朝北盟會編　靖康元年十二月一日壬戌條。（以下簡稱會編），本書採大化書局版，卷目與他書異，故註文略卷數，下同）。

註二　同前書　建炎元年五月一日庚寅條。

註三　朱希祖編　僞楚補錄

註四　石文濟撰「南宋中興四鎭」（中國文化學院史學研究所博士班論文）

註五　李安「宋高宗初在相州（安陽）出任兵馬大元帥始末」

註六　石文濟　前引書

註七　錢穆　國史大綱

註八　佐伯富著魏美月譯「宋代之皇城司－君主獨裁權研究之一」（東方雜誌復刊十一卷二期）「宋代走馬承受之研究－君主獨裁權研究之二」（東方雜誌復刊十三卷八～十期）按：佐伯氏對宋君獨裁只承認至靖康而止，而事實上南宋仍延此獨裁傳統，否則對秦檜議和而獨相十八年後被罷黜之史實將無從解釋，即如罷四鎭而議和也無由談起。

第二章　宋高宗的身世與人格

當靖康之難，徽、欽二帝及宗親、大臣三千餘人爲金兵俘虜北方，正是中樞無主舉國惶惶之時。而外有金人伺時南侵併吞江南，內有張邦昌僭位稱祚，潰軍盜寇者流又趁勢劫掠河淮、江南，整個宋廷正是處於內憂外患風雨飄搖不絕如縷的局面。在此時刻，宋徽宗第九子康王構得免被俘之難，爲宋臣民擁爲領導中心，無疑又延續了宋朝國祚，而南宋一百五十二年的歷史也正肇因於此。

而事實上，在中國傳統王朝中，統治帝王的氣質，人格無疑是決定當時吏治興衰的重大因素之一（註一）。那麼，就南宋朝廷的建立而言，它的開創者—宋高宗的人格也必然是一項值得探討的線索。相對地，影響高宗人格形成的最大主力—他的身世背景更是值得我們去玩味了。

因此，本章擬試就宋高宗的身世以及他的人格作一鳥瞰性的觀察，希望從其中發現他的身世背景有多少因素爾後一直投射在他的政治作爲中，而產生多少的影響。而這種省察將較

偏重他早期的遭遇與反應，因為日後他的一切行動無疑是受到影響的。（註二）

第一節　高宗即位前的經歷

宋高宗名構字德基，為徽宗第九子，生于徽宗大觀元年五月，宣和三年十二月進封康王，至宣和四年始冠而出外就第。由此可知他乃是庶出，原無繼承大位之望，若於承平之時，也只能做個「食衣租稅」的親王而已。

靖康元年元月金人圍攻東京時，遣使入城邀親王宰臣議和，朝廷正派遣同知樞密院事李梲等出使金營，議割太原、中山、河間三鎮以議和，乃決定派遣宰臣授地，親王親送金大軍過河。際此時刻欽宗乃召諭康王，而康王也慷慨請行，遂命少宰張邦昌為計議使與康王同往金營議和。

在金營中康王與邦昌皆為金帥斡離不（宗望）留置近十日，此時正逢姚平仲夜襲金人砦不克，金人以此責備宋廷背約違義，邦昌恐懼涕泣，而康王卻意氣從容自如不為所動，斡離不（宗望）深為詫異，疑其非親王，乃要求改由肅王代之，而康王竟得脫身。（註三）

靖康元年二月金人退兵後，宋廷又悔割地三鎮，且以蠟書圖結遼降將耶律余覩以求聯遼抗金。然事洩蠟書爲金人所得，遂有粘罕（宗翰）、斡離不（宗望）第二度引兵深入。靖康元年八月金兵二次入侵，十一月十五日渡河，三十日再度圍汴（註四）

當金兵再次南下時，又遣王雲前來索地並強求康王前往金營議和。欽宗乃於十一月詔康王出使河北，奉袞冕玉輅與中書舍人耿延禧偕行。當康王行至磁州時，因守臣宗澤的請留乃不再前往金營，而磁州百姓也因疑慮王雲將挾持康王入金賣主求榮乃聚衆殺之，康王遂留磁州。

此時金酋粘罕（宗翰）、斡離不（宗望）已渡河圍東京，康王從者皆以磁州不可留，後因知相州汪伯彥以蠟書邀前往相州，再加上耿南仲等相繼奉欽宗旨前來，詔其勤王，乃於靖康元年十二月一日奉詔拜爲河北兵馬大元帥，開元帥府于相州，盡起河北兵入衛京師勤王。同時並以知中山府陳亨伯爲元帥，汪伯彥、宗澤爲副元帥，時有兵萬人，兵分五路。

當康王與諸郡守、將領議引兵渡河勤王，且於十二月十六日渡河至北京之際，同時宗澤、梁揚祖所率先鋒部隊五千人已由信德府趕來會集勤王，此時宋軍士氣似頗有可觀者。但隨著由簽書樞密院事曹輔帶來東京宋廷再度議和，且詔命屯兵近甸毋輕舉妄動的消息後，元帥府的意見立刻分成兩派，以汪伯彥、耿南仲爲首的主和派皆以和議可致，請康王移軍東平待命。而主戰派的宗澤駁斥和議爲不可信，請直趨開德府，次第進寨，以解京城之圍。在汪伯彥以軍事實力分析彼此軍力後（金兵有數十萬之衆包圍汴京，而康王除原有軍萬人外，續收一萬三千人，其間召募民兵又居其半），康王終採取汪伯彥建議前往東平府。而宗澤則被遣往開德府，雖有兵萬人，却揚言康王在其軍中，企圖抵擋金兵之鋒銳，並且從此以後宗澤不再能參預元帥府謀議。（註五）

建炎元年（即靖康二年）正月，康王到東平後，又因汪伯彥等人之請而於二月再往濟州。當時元帥府官軍及群盜來歸者號稱有百萬人之多，分屯濟、濮諸州府，然諸路勤王兵卻不得進。隨即徽、欽二帝也就於三月身陷虜營而蒙塵北狩。當二帝被囚，金人立張邦昌爲帝僭號大楚的消息由黃潛善告知康王後，在慟哭之餘康王復起用宗澤以平服河南北諸府郡及河東、河北山寨水寨諸盜的紛亂。不過隨著金人退兵徽、欽二帝北遷後，汪伯彥、黃潛善再被重用，康王雖沒馬上聽從他們的建議渡江南走，可是也未進取北伐以復父兄之讎。（註六）

以上爲康王在南京應天府即位前事蹟之一斑。雖然其奉欽宗命與張邦昌前往金營議和時，先是「慷慨請行」，再則「氣態閒定」，似頗具領袖氣宇，但參較後來任兵馬大元帥後之一切作爲似可以「元帥府之兵力乃其個人扈衛，其志不在馳援而在自全」諸語來論定（註七）。無怪乎張溥要斥之爲「觀其出使金軍，應對無聞，爲虜所輕，承詔開府，逍遙自全，京城坐陷，以彼庸才豈但中人以下乎？」了（註八）。而康王在即位後的舉動也似可由此略窺一二。

更何況正史官書向來多爲當政者掩惡誇善，英明睿智如唐太宗的史臣太宗實錄於前（註九），那麼康王即位後之掩飾前愆更是理所當然之事。因此宋史高宗本紀所言誕生時「赤光照室」，長大後「資性朗悟，博學彊記，讀書日誦千餘言，挽弓至一石五斗」，以及出使金營後「金人見責，邦昌恐懼涕泣，帝不爲動」諸語（註一〇）更足啓人疑竇而已。

第二節　高宗南京即位後至建炎四年的經歷

當建炎元年四月粘罕（宗翰）退兵，徽、欽二帝北狩，原由金人扶立的張邦昌傀儡立即在宋臣呂好問等的壓力下退位，除迎立元佑皇后外，並遣人奉迎康王。在耿南仲、汪伯彥、宗澤、呂好問等人的勸進下，康王構終於五月一日在南京應天府即位。除改元建炎外，並大赦，張邦昌及應干供奉金國之人一切不問，死節及歿于王事者並推恩。在同時除以黃潛善爲中書侍郎，汪伯彥同樞密院事，而李綱也爲擢用。高宗在即位後，除對靖康朝大臣主和誤國者如李邦彥吳敏、李梲、宇文虛中、鄭望之、李鄴等皆貶黜有差，並在李綱一再奏請下，對張邦昌等受僞命者也一一論罪，此時新朝廷似出現一股中興之氣象。（註一一）

然上述現象僅是一時之幻影，因爲隨著高宗七月下詔巡幸東南，八月用黃潛善議殺陳東、歐陽澈，禁止大臣阻撓巡幸，再加上先前一再遣使傅雱、王倫通問於金，對宗澤屢次上表請車駕還闕東京於不顧，已可看出高宗心態之端倪。（註一二）

高宗終於建炎元年十月乘船逃往東南，尤甚於此者乃是下詔不許各地召集潰兵，忠義人和寄居官擅集勤王（註一三）。而金人則欲滅宋朝政權而後已，不但長驅直入，兩河州縣次第陷落，不但陷汝州入西京，更陷華州而破潼關，然宋守臣仍有效忠死事者。（註一四）

而此時中原仍有宗澤忠心耿耿防守著汴京，黃河以北諸義兵、盜賊也多受其忠義感召來歸受其招撫。其中陝西一帶李彥仙等（註一五）起兵禦侮，太行山的王彥等屢敗金兵。王彥軍號稱「八字軍」，受其節制的兩河山寨民兵達十餘萬人，其聲勢「綿延數百里，金鼓之聲相聞」（註一六）。再加上馬擴、趙邦傑在太行山以東的眞定、慶源、五馬山一帶活動，他們並擁立從金營逃出的信王榛爲號召（註一七），其聲勢似頗大有可爲。

但此等有利局勢並未爲高宗所重視，首先黃潛善等忌怕宗澤北伐成功，從中加以阻撓。（註一八）使宗澤抑鬱成疾終致「出師未捷身先死，長使英雄淚滿襟」，在連呼過河聲中齎志以歿。其次高宗更明詔北伐，實遏信王聲勢，對渡河求援的馬擴也只是象徵性地給予援兵。在同時，對義軍如芒刺在背的金人，也就先發制人將五馬山包圍攻陷，信王榛也再度淪爲金兵俘虜（註一九）。

北方局勢經此轉變之後，再加上繼宗澤爲東京留守的杜充顢頇無謀，諸盜復散劫掠，中原光復益不可爲（註二〇）。而事實上高宗自建炎元年十月一日逃往南方（註二一），即如宗澤一再上疏請還京闕不但毫無反應，相反地在建炎二年五月二日的下詔還京竟是意在阻撓信王榛的渡河入汴，並無重返北方的意向，那麼他對宗澤所上二十餘疏的苦心不予理會，也就可以理解了。（註二二）

在隨著高宗南逃的同時，金兵爲澈底消滅宋朝新興力量，乃於建炎元年十一月起到三年六月先後發動三次侵宋戰爭。第一次乃爲張邦昌被廢，其以漢制漢策略遭到破壞而起。由建炎元年十一月分中、東、西三路南侵，先後攻陷西京（河南洛陽）、鄭州（河南鄭縣），華州（陝西華縣）、陝州（河南陝縣）及淄、青、濰等州（山東臨淄，益都、濰縣）外，更直攻襄陽府、均州、房州、（湖北襄陽、均、房縣）等地，其深入已達漢水流域。幸而因宗澤力守東京，加上信王榛和馬擴在五馬山寨的起兵，對金兵南下形成心腹之患，中、東路軍相繼於建炎二年二、三月退兵，西路軍也因受挫，復以天暑而於五月北返。

第二次南侵則自建炎二年七月宗澤死後發動，其目的在清除兩河抗金力量外，也以追襲高宗爲目標。在仍爲三路的攻勢下，西路渡河，陷丹州（陝西宜川）、延安府（陝西膚施）、至鄜（陝西鄜縣）、坊（陝西中部）二州而止。東路則直襲慶源府（河北趙縣）之五馬山寨，，寨破，信王榛被俘。金兵續敗馬擴援兵，與中路軍會師攻濮州（山東濮縣），下開德（河北濮陽），陷北京（河北大名），至滄州（河北滄縣東南四十里）而止。中路軍在破濮州後，得東平（山東康平縣），襲慶府（山東滋陽縣西二十五里）後，繼續追擊高宗。韓世忠雖以招撫山東羣盜扼守於淮陽（江蘇邳縣東三里），終因不敵而棄走塩城（江蘇塩城縣）。在金兵攻下天長軍時（安徽天長縣），高宗遂匆忙介冑走馬奔瓜州（江蘇江都南），倉皇渡江至鎮江，時爲建炎三年二月三日（壬子）。當晚金先頭部隊入揚州，雖急馳瓜州，然高宗已渡江，遂望江興嘆而回，在天雨連綿，道塗泥濘，不利兵馬的情況下，金兵於二月二十日（己巳）焚揚州北返。（註二三）

建炎三年六月，金兵第三次南侵，此因第二次南侵並未達成追擒高宗之目的，故退兵後曾遣使招降高宗，而未爲高宗接受，乃有此次南下。

此次南侵依然兵分三路，以中路爲主力，由兀朮（宗弼）統率女眞、渤海、漢軍十餘萬軍直追高宗，另以東西兩路軍爲牽制之用。中路軍於建炎三年六月南侵，磁州（河北磁縣）、曹、單三州（山東曹縣、單縣）、南京（河南商邱）相繼失陷，守臣或死或降（註二四）。渡淮後金兵分二路，一追高宗，一追隆祐太后。隆祐太后南奔虔州（江西贛縣）後，金兵雖追襲至洪州（江西南昌）、吉州（江西吉安），但因孤軍深入懼爲宋軍截斷後路，乃西入湖南，於次年二月折而北上，由荊門（湖北荊門）退軍。至於追擊高宗的金軍則由兀朮（宗弼）親自統率，於建炎三年十月底南下廬州（安徽合肥），十一月陷之，除自攻和州外，另分兵東西路，再陷無為軍（安徽無為）及眞州。和州城陷，兀朮（宗弼）由馬家渡（江蘇江寧鎮西烏江鎮附近）渡江攻建康。當時守建康的乃是曾繼宗澤留守東京的杜充，如今在北方退兵南遁卻為高宗擢為尚書右僕射江淮宣撫使（註二五）。杜充在統御無方下，雖有都統制陳淬、統制岳飛、劉綱的力戰，但另一將王𤫊則率兵遁逃，建康遂陷，杜充終由金人勸誘以張邦昌故事而叛降（註二六）。

兀朮（宗弼）在攻下建康後，直趨臨安（浙江杭州），再至明州（浙江鄞縣）。而高宗已由明州渡海逃至昌國（舟山島），更直奔溫、台州（浙江永嘉、臨海）。金兵雖曾在明州為張俊兵所挫，繼又破定海、昌海，追至碕頭，幸而為宋提領海張公裕率大舟擊退，才未繼續追擊，接著因天氣轉熱而於建炎四年二月退兵（註二七）。

兀朮（宗弼）在撤兵北歸時，卻為浙西制置使韓世忠扼於鎭江府，兩軍相持於黃天蕩金兵不得渡江北歸達四十餘日，後兀朮（宗弼）雖得漢奸獻策得以脫逃，然金人自是不敢輕言渡江，而金人企圖一舉追擒高宗消滅南宋的計畫，也就被擱置起來。又重新採張邦昌傀儡政權之故策，再立劉豫偽齊以圖「以漢制漢」了。而宋高宗也終於在顛沛流離中喘了口氣，逐漸穩固其南方政局。（註二八）

綜觀上述，從建炎元年到建炎四年的金人三次南侵在在都使高宗備感威脅，雖有不少忠臣孽子孤心苦詣力圖匡復，但貪生怕死臨陣逃亡者也不在少數。況且從高宗的用人舉才如重用黃潛善、汪伯彥，冷落宗澤、李綱並殺陳東、歐陽澈，其氣度識見也就可想而知（註二九）。更何況在建炎三年三月發生的苗、劉兵變，更使高宗對主戰派的軍人懷著高度的恐懼感，同年十二月又有張寶之變，而都發生於金兵正積極南追之時，高宗即如後來倖免於難，其心中又豈無影響？

苗、劉兵變乃是當建炎三年三月，金兵追襲高宗於揚州，高宗倉皇渡江進幸杭州時發生。時護駕者僅扈從統制官苗傅及御營副將軍劉正彥所部，二人以功高賞薄，怨憤內侍康履用事，而文臣王淵交結內侍被擢爲同知樞密院事，遂率部衆爲亂（註三〇），在此兵變中，除王淵、康履等被殺外，高宗並被迫下詔遜位於皇子魏國公，由隆祐太后垂簾聽政（註三一）。幸而當時大臣張浚、呂頤浩、劉光世、韓世忠共策勤王之舉，再以苗、劉有勇無謀，終能迅速敉平叛亂，使高宗復位（註三二）。

張寶之亂則發生於建炎三年十二月。時兀朮（宗弼）追襲高宗於明州，高宗知明州不可守，乃決計幸海避敵。而衞士張寶等以家屬不得同行，遂乘機叛變。要錄卷三〇，建炎三年十二月壬午：

> 是日，定議航海避　，執政請每舟載六十衞士，人不得兩口。衞士皆曰：「我有父父母、有妻子，不知兩者如何去留？」訴於主管禁衞入內內侍省都知陳宥，宥不能決。宰相呂頤浩入朝，衞士張寶等百餘人遮道問以欲乘海舟何往，因出語不遜，頤浩詰之曰：「班直平日教閱，何嘗有兩箭上貼，今日之事，誰爲國家死戰者？」衆欲殺頤浩，參知政事范宗尹曰：「此豈可以口舌爭？」，引其裾入殿門，門閉，衆不得入。上謂輔臣曰：「聞人情紛紛，不欲入海，緩急之際，豈可知二聖不避敵，坐貽大禍，今以御筆諭之。」頤浩與參知政事王綯捧御案至御座前，上御翰墨，撫諭中軍，人情稍定，遂山呼於殿門之外。上密諭宰執曰：「此輩欲沮大事，朕今夕伏中軍甲士五百人於後苑，卿等翌旦率中軍入朝，捕爲首者誅之。」頤浩退，密諭中軍統制辛企宗及親軍將姚端，令陰爲之備。（註三三）

而張寶等十七人遂爲呂頤浩等伏兵所執，亂平。（註三四）張寶等雖迅速被誅，但我們若檢視高宗自相州起兵迄於此刻腋肘禍變之經歷，以小小之衞士竟膽敢向代表無上權威的君權懷疑、挑戰，高宗當時之處境艱困可想而知。而前文不憚其詳引敍要錄全文，正欲說明當時南宋朝廷之風雨飄搖，而高宗終仍不失其果斷，立即誅除亂兵，南幸定海，保全性命。則高宗前此之用汪、黃，罷李綱，戮陳東、歐陽澈等等作爲該可說是有所爲而爲，而非無所爲而爲，至如汪、黃兩人在苗、劉亂平後被罷黜，（註三五）更足以說明高宗並非下智之人，而追贈陳東、歐陽澈官，存恤其家（註三六），更知高宗用心之良苦。

第三節　高宗自紹興元年至十一年的事蹟

建炎四年二月金人退兵後，宋高宗乃於三月北返。而這年九月金人再扶立宋降臣劉豫爲齊帝，都大名，國號大齊，使其作爲金人走狗，除誘以滅宋畀予帝位之餌外，更兼爲宋、金緩衝之用，以便其鞏固其新佔領之土地。（註三七）大金國志卷六，天會八年（建炎四年）九月：

國主以輔國大將軍西京留守大同府尹高慶裔、禮部侍郎知制誥韓昉、爲册禮使副，于九月九日，立劉豫于大名府，國號大齊。（註三八）

從此，宋高宗要先對付的乃是昔爲臣屬今爲叛逆的僞齊政權，同時在其內部又有因金兵南侵而潰散之潰卒、流民而滋生之盜亂，正方興未艾，正有待其倚賴當時的軍人將領去抵禦、平定。劉豫僞齊政權至紹興七年十一月始被廢，而盜寇騷擾則自建炎元年至紹興六年，南宋軍力也就在金人停止南侵後，一面平定盜寇，一面抵擋僞齊南侵而逐漸成長。相對地，高宗此時期之處境與前期相比，已是不可同日而語。

劉豫在建立傀儡政權後，曾請立其子麟爲太子，金朝廷不許，曰：「若與我伐宋有功則立之。」（註三九）爲了鞏固帝位，也爲了使麟得立太子，僞齊遂連年出兵侵宋，以圖討好於金廷。從紹興元年十月的遣將王世沖寇廬州，（註四〇），十一月派郭振入寇（註四一），二年正月的合兵謀取壽春（註四二）。而

宋史卷二十七高宗本紀四，紹興三年九月甲戌：

僞齊王彥先寇徐、宿二州。

同書同卷十月己亥：

僞齊李成陷鄧州。

同書同卷十月壬寅：

僞齊兵逼襄陽，李橫以糧盡棄城奔荊南，知隨州李道亦棄城去。（註四三）

此等零星小規模的侵宋戰爭斷斷續續由紹興元年持續至紹興三年底。直到紹興四年始有僞齊第一次大規模侵宋戰爭。要錄卷八〇，紹興四年九月乙丑：

初，僞齊劉豫既納其臣羅誘南征議，乃遣知疏密院事盧偉卿見金主晟（太宗）。……金主晟命諸將議之，……右副元帥宗輔以爲可，於是以宗輔權左副元帥，右監軍昌權右副

元帥，調渤海，漢兒軍五萬人以應豫。……豫遂命其子……合兵來寇……諜報至，舉朝震恐。（註四四）

而此次南侵乃是劉豫納宋降將徐文之建言，（註四五）以及僞齊狀元羅誘之上書（註四六），遂遣使乞師於金，發動金齊聯軍南侵。此次戰爭，宋軍雖初期稍頓挫，但高宗採趙鼎策御駕親征，督促韓世忠還守揚州，並詔張俊、劉光世援之。韓世忠且於大儀鎮設伏大敗金兵，此爲大儀之捷。（註四七）而金齊軍在受挫後，仍分軍陷濠、滁二州，欲謀渡江。幸而高宗採張浚議，詔岳飛入淮西牽制金兵在淮東者，且飛又遣將敗敵於廬州，宋金軍乃相持不下，直至十二月下旬，一以雨雪，糧道不通，復以金太宗病篤，金齊軍相繼退兵，此次侵宋戰爭遂告結束。（註四八）

紹興六年九年，僞齊再度大舉侵宋，以李成、關師古、孔彥舟爲將，籍民兵三十萬分三道入寇。（註四九）此次侵宋乃因劉豫聞高宗將親征，而先發制人，由於乞援金兵並無結果，乃自行簽軍南侵。但此次進兵皆不順利，東路劉猊爲韓世忠、楊沂中所扼，（註五〇）中路軍由劉麟統率，也爲劉光世所敗，（註五一）西路軍孔彥舟在聞猊、麟敗逃後，也引兵北去。（註五二）而麟兵有自書鄉貫姓名而綰者，豫由此失人心。（註五三）爾後宋齊雖屢交戰，然僅爲零星戰鬥，（註五四）金人既決心廢豫，雖再有酈瓊之叛降僞齊，豫再乞兵入寇南宋，終不爲所動，而於紹興七年十一月將豫廢掉，（註五五）南宋與僞齊之交戰乃告結束。

僞齊自建炎四年九月被立，至紹興七年十一月被廢止，七年間不斷南侵宋廷，且有兩次大規模軍事行動，其中紹興四年一役更使南宋備感威脅。在軍事上如此，在政治上也因其爲金傀儡政權，使南宋無法直接在向金乞和上求得結果，（註五六）但也因其爲漢奸政權，兵力又不若金兵強悍，雖對宋廷構成壓力，然無疑地，此種緩衝力量反有助於南宋軍力之發展，而高宗也因此建立穩固之地位，所以雖有紹興七年八月的酈瓊軍變（註五七），但已不若苗、劉、張寶之變對高宗有那麼大衝擊力了。

南宋初期盜寇猖獗，其原因實起於北宋末期政治不修，水旱天災，經濟破產及軍事崩潰有以致之，此項因素前賢已有論述，（註五八）不須復述，而值得注意的，乃是這批流民、潰卒皆轉而成盜，肆虐江淮，其人數之衆，破壞區面廣，騷擾時間長，對南宋朝廷政權之鞏固造成不少困擾，而事實上南宋初期在避開金的追襲外，平定各地的盜寇也是高宗必須接受考驗之課題。

今依石文濟「南宋中興四鎮」一文所整理出南宋初期羣盜表（註五九），可知他們的力量少者數百人，多者數十萬人，其破壞地區包括江淮及東南諸路，騷擾時間則自建炎元年至紹興六年達十年之久，中以建炎元年至紹興二年這六年最爲猖獗。但不管如何，這前後共計一百四十八股的動亂力量，無疑在金人南侵時隨著宋軍事崩潰、農村破壞而發展，也隨著金人北退，南宋正規軍穩定後，逐漸被收編而平定。即使不能收編者，宋廷也使其逃向敵方減輕威脅，孔彥舟、李成即是一例。

而南宋將領韓世忠、劉光世、張俊、岳飛也就在這種安內的情勢下收編盜匪，一以穩定內部局勢，一以擴充自己實力。另外鎮撫使的設置，無疑是此一時期高宗一面命諸將以武力平寇，一面施加恩撫，招納盜寇的又一高明措施。此一建議乃是建炎四年五月，由參知政事范宗尹復倡設藩而置。

朝野雜記甲集卷十一，鎮撫使條：

> 鎮撫使，舊無有。建炎四年，上自海道還會稽，時江湖荊浙皆爲金人所蹂，而羣盜連橫以據州郡，大者至十餘萬，朝廷不能制。范覺民（宗尹）爲參知政事，謂此皆烏合之衆，急之則併死以拒官軍，莫若析地以處之，盜有所歸，則可以漸制。乃言於上，請稍復藩鎮之制，少與之地，而專付以權，擇人久任，以屏王室。（註六〇）

高宗遂納其議下詔設置（註六一），乃使當時江淮諸盜以和平方式接受招撫，這三十餘鎮撫使或出身土豪，或出身盜匪，或爲僞齊降官，甚少能忠心效命於宋室，但此等暫時安撫之處置，的確使江淮地區安定一段時間，直到紹興五年始由韓、劉、張、岳四將逐一取代。

（註六二）而宋高宗對此四大將領依賴日深，其心中之顧慮也日益加深。（註六三）

從紹興七年十一月僞齊劉豫被廢後，宋金直接對峙的局面再度出現，但宋軍在歷經內收群盜，外抗僞齊，整軍經武的情形下，已非建炎初那般望風潰逃，而爲金人恥笑。（註六四）相對地，宋軍的軍力自建炎三年張浚出撫川陝，以川陝軍在旁牽制金人無法長驅直入後，再以紹興三、四年由諸將收整群盜後，正如明儒王船山所論：

> 其後猶足以支者，則自張浚宣撫川陝，而奉便宜之詔使，宋乃西望，而猶有可倚之形，且掣肘之防漸疏，則任事之心咸振。張、韓、岳、劉諸將競起，以盪平羣盜，收爲部曲，宋乃於是而有兵。（註六五）

因此在紹興四年、六年宋軍不但在金齊聯軍侵宋時大敗之，即如紹興七年劉豫爲金所廢，也正無疑證實金人對宋實力的不得不肯定。而從高宗即位起，就不斷派遣使臣北上金廷，名爲遣問二帝，實欲談和，而屢被拒絕的議和行動，終以宋軍的實力增強，劉豫被廢後宋金兩國地位的相埒，（註六六）再加上金人厭戰，兵力消弱，主和派抬頭，（註六七）於是有宋金第一次議和。

紹興八年七月高宗遣王倫再度出使金國爲迎奉梓宮使，以藍公佐副之。（註六八）十月丁亥金遣張通古，蕭哲與王倫來許割河南陝西地歸宋，（註六九）同時並任張通古爲江南詔諭使，高宗雖言嗣守祖宗基業，豈受金人封册諸語，（註七〇）但終不顧大臣反對議和的聲浪，而與金訂立和約。（註七一）紹興九年三月，宋金交割地完畢，（註七二）金以河南、陜西故地歸於南宋。

但這次和約並未維持多久，即因金朝主戰派、兀朮（宗弼）、兀室（希尹）的得勢，而原主和派的宗盤，撻懶卻因謀反被誅（註七三）而破裂。兀朮（宗弼）既主政，對前割河南地予宋之議加以推翻後，遂囚宋使王倫，（註七四）並於紹興十年五月敗盟，率軍十萬南侵。金兵分四路進攻，入陜西一路由撒喝離統軍，先克長安及陜西州縣，後爲吳璘遣將李師顏、姚仲所敗，（註七五）兀朮（宗弼）軍則先後爲劉錡敗於順昌，岳飛敗於郾城，紹興十一年二月再爲張俊、楊沂中、劉錡等敗於柘臯。（註七六）金兵作戰既失敗，而內部又發生動亂（註七七），遂匆忙退兵。而南宋高宗、秦檜正亟亟乞憐求和，四大將領再有彪炳戰績，反無益於高宗帝位法統爲金人承認，於是劉光世、韓世忠相繼被解除兵權，張俊則被籠絡甘作陷害岳飛之走狗，而滿腔忠義，力主光復的民族英雄也就被以「莫須有」的罪名慘遭殺害。紹興十一年十一月宋金和議成立，以淮水中流畫疆，宋歲奉銀絹各二十五萬兩匹，高宗既向金熙宗稱臣後，也就從此保住他自南京即位以來，日夜心驚膽跳，害怕欽宗南歸後將化爲泡影的帝位了。當然，他力主和議的藉口是孝心——迎還徽宗梓宮及生母韋太后，然而他的兄長欽宗呢？

第四節　高宗之利用秦檜及其心態

自紹興十一年宋金和議後，高宗既由金人以衮冕圭册封爲大宋皇帝，對主和議有功的秦檜，則加爵封魏國公。檜何以主和議蒙大用？蓋自南渡後，諸將擅兵於外，稍自攬權，財力漸充，兵勢既壯，此乃正違宋祖宗集權中央貶抑武將之家法。然時際危亡之刻，高宗權衡得失，只有兩害相權取其輕，允許諸將自由發展，然內心實忌防之。

中興小紀卷二〇，紹興六年癸丑：

先是，詔湖北京西招討使岳飛往駐江州。癸酉，飛奏已至，上曰：「淮西既無事，飛不須更來。」趙鼎曰：「此有以見諸將知尊朝廷。」上曰：「劉麟敗北，朕不足喜，而諸將知尊朝廷爲可喜也。」（註七八）

同書卷二十九，紹興十一年三月庚子：

上曰：「賢將與才將不同，賢將識君臣之義，知尊朝廷，不專於戰勝攻取，惟以安社稷爲事；至於才將，一意功名爵賞，專以戰勝攻取爲能，而未必識朝廷大體及社稷久遠利害，要須駕馭用之。」

要錄卷一百三十九，紹興十一年正月庚戌：

……張俊入見，上問曾讀郭子儀傳否，俊對以未曉，上諭云：「子儀方時多虞，雖總重兵處外，而心專朝廷，或有詔至，即日就道，無纖介顧望，故身享厚福，子孫慶流無窮。今卿所管兵，乃朝廷兵也，若知尊朝廷如子儀，則非特身饗福，子孫昌盛亦如之；若恃兵權之存，而輕視朝廷，有命不即稟，非特子孫不饗福，身亦有不測之禍，卿宜戒之。」（註七九）

中興小紀，紹興七年十一月丙午：

（張）俊入對，因言劉光世解軍政，閑居自適，有登仙之嘆。上不樂。因諭之曰：「卿初見朕時何官？」曰：「修武郎。」「是時貲爲何？」曰：「貧甚，嘗從陛下求戰袍以禦寒。」上曰：「今日貴極富溢，何所自耶？」曰：「皆陛下所賜。」上曰：「卿既知如此，宜思自效，而有羡於光世何耶？」俊惶懼頓首，至於流涕，誓死以報。（註八〇）

至於武臣干預朝政，更被視爲大忌，紹興七年岳飛入對，密奏請正建國公皇子之位，人無知者。及對，風動紙搖，飛聲戰不能句，上諭曰：「卿言雖忠，然握重兵在外，此事非卿所當預也。」飛色落而退，參謀官薛弼繼進，上語之故，且曰：「飛意似不悅，卿自以意開諭之。」（註八一）而紹興八年秋，飛再被召赴行在，命詣資善堂，見皇太子。飛退而喜曰：「社稷得人矣，中興基業其在是乎？」（註八二）岳飛此言乃出自眞性流露，然高宗之再立皇太子，乃是自建炎三年七月親生皇太子（即元懿太子旉）死後即無所出，不得已再立，當時鄉貢進士李時雨上書乞選立宗子以係屬人心，尚且被斥還鄉里。（註八三）而今飛一再干預朝廷家私，又言社稷得人，豈不影射高宗之無能？而高宗對其又有何等之想法？這是不難明白的。

況且自建炎登基以來，高宗一再被金兵追襲逃亡，屢次遣使北上，也不過是力求降和罷了，豈敢有中興之期盼？今有秦檜出面獨任其責，正可解除其心中難言之苦，又可卸除轉移主戰派攻擊之目標，正是一舉而數得。而檜早已揣得高宗意圖，而其自金營安然脫險來歸，爲金之奸細時論早有評斷，今不贅言，（註八四）而其自歸宋後向高宗建言「如欲天下無事，須是南自南、北自北。」首奏所草與撻懶求和書，高宗喜曰其朴忠過人，得之喜而不寐，蓋聞二帝母后消息又得一佳士也。（註八五）紹興二年檜雖曾被廢（註八六）但隨即被重用，而張浚，趙鼎諸主將之文臣或韓世忠、岳飛等武將也就在高宗默許下一一被排斥、陷害，而達成屈辱賣國的和議。

自紹興十一年底議和至紹興三十一年，金海陵帝舉兵毀約南侵止，宋金維持二十年和平時期，此因金廷內部衰弱也，而宋廷則秦檜挾脅高宗傾軋異己，除大興文字之獄外，更禁絕程頤、張載之學，屢奏甘露、瑞芝之類，崇虛矯飾無所不至。直至紹興二十五年仍有奔競者爲其乞議九錫，十月病危時，高宗幸其第問疾時，檜無一語，惟流涕而已，其子禧尚奏請代居相位，雖爲高宗所不許，但檜竊相位十八年，史曰其劫至君父，包藏禍心，倡和誤國，忘讎斁倫，一時忠臣良將誅鋤略盡，其頑鈍無耻者率爲檜用爭以誣陷善類爲功，其矯誣也無罪可狀（註八七）。然高宗豈不能防忌之乎？而檜死，高宗方與人言之，檜立，郡國事惟中省無一至上前者，說士淹滯失職有十年。（註八八）則其居心何在？且又下詔曰：「講和之策，斷自朕志，秦檜但能贊朕而已，豈能以其存亡而渝定議耶？近者無知之輩鼓倡浮言以惑衆聽，至有僞撰詔命召用舊臣，抗章公車妄議邊事，朕甚駭之，自今有此當重寘典憲。」（註八九）

則高宗之心態實是一以貫之，求和苟安而已，其自保小朝廷之私心豈又能與中興將臣之磊落胸襟相比？而紹興三十一年海陵南侵時，只有匆匆應戰，幸賴張浚、虞允文等人之力撐，而金內部變又起，否則宋室豈能無恙？事後趙構雖禪位孝宗，但良將已萎，雖有孝宗力圖奮發振作，但時不我予，金宋再成相持局面，待北方新興勢力—蒙古將其一一併滅，而宋高宗一生之得失亦可由此可略作評斷矣。

【註　釋】

註一　中國歷史對統治帝王的才具、氣質良窳決定當時政治盛衰，常有極強烈的描繪。諸如秦始皇本紀與二世皇帝本紀的對比，後漢明、章二帝本紀與桓、靈二帝本紀的參較等，即是唐玄宗本紀中開元與天寶行政作爲的差異，都足一說明此一事實。

註二　個人行爲往往受其先前外在事務刺激之影響而有所反應，此爲近代心理學家如佛洛伊德、巴夫洛夫所肯定，也是今日心理治療的基礎。

註三　元脫脫撰　宋史　卷二十四高宗本紀一。

註四　會編靖康元年十一月十五日丙子條，十一月三十日辛卯條，另宋史卷二十三欽宗本紀可參較。

註五　李安「宋高宗初在相州（安陽）出任兵馬大元帥始末」，另參會編靖康元年十二月二十九日庚寅條、宋史卷二十四高宗本紀一靖康元年十二月壬戌至庚寅條。

註六　會編靖康二年正月三日癸巳條、正月十三日癸卯條、二月二十日庚辰條、二十三日癸未條、三月七日丁酉條、三月二十九日己未條、四月四日癸亥條、四月五日甲子條。另參宋史卷二十四高宗本紀一建炎元年正月癸巳至四月癸亥條。本紀所載元帥府有兵號稱百萬人之多語，今據會編考察實約有八萬人，建炎以來繫年要錄（下簡稱要錄）卷二，建炎元年二月癸未條亦有相同記載。

註七　李安「宋高宗初在相州（安陽）出任兵馬大元帥始末」

註八　陳邦瞻　宋史紀事本末卷五十九「高宗嗣統」張溥論正語。

註九　李樹桐「唐高祖稱臣於突厥考辨」（載民國五十二年　大陸雜誌二十六卷一、二期）、「再辨唐高祖稱臣於突厥事」（載民國六十一年　大陸雜誌三十七卷八期）

註一〇　宋史卷二十四高宗本紀㈠

註一一　會編靖康二年（建炎元年）四月九日戊辰條、五月一日庚寅條、五日甲午條、六月二日庚申條、三日辛酉條、五日癸亥條。另參宋史卷二十四高宗本紀一四月癸亥條至六月乙卯條。

註一二　會編建炎元年七月五日壬辰條、七月十五日癸卯條、八月十四日辛未條、八月十八日乙亥條、八月二十日丁丑條，另參宋史卷二十四高宗本紀一六月戊寅條至九月癸丑條。有趣的是下巡狩詔竟有「……朕與羣臣將士，獨留中原，以爲爾京城與萬方百姓，請命于皇天，……迎還二聖，以稱朕夙夜憂勤之意……」諸語，再參照後來下詔「……有敢妄議惑衆沮巡幸者，許告而罪之，不告者斬…」則不難明白其心態之一斑。

註一三　宋史卷二十四高宗本紀一十月己未條。

註一四　金兵第一次南侵自建炎元年十一月至二年五月，見會編建炎元年十一月庚子條至五月辛卯條，另要錄卷十一至十五，宋史高宗本紀一、二，金史太宗本紀。而宋守臣死事者有河間府權府鈐轄孫某、廉訪李某，西京留守孫昭遠之部將，同州知軍事鄭驤，鄧州權安撫使劉汲，永興軍安撫使唐重、總管楊宗閔、轉運使桑景詢、通判曾謂、提刑郭忠孝、蔡州知汝陽縣丞郭瓚，鄭州通判趙伯振，潁昌府守臣孫默，宗澤之部將閣中立、張撝、陳州知軍事向子韶、隴右都護張嚴等。叛、逃者有知密州事趙野、鄭州知軍州事董庠、汝州提點刑獄謝京，河東經制史王𤫉、鄧州安撫使范致虛、簽書武勝軍節度判官廳公事李操、均州知州楊彥明等。至如宋將力守固城或屢挫敵鋒者有棣州守臣姜剛之、東京留守宗澤、熙河兵馬都監劉惟輔、河南統制官翟進兄弟、涇原經略使曲端及葉石濠尉李彥仙等。

註一五　要錄卷十三，建炎二年二月壬午條，另會編同年二月甲戌條。

註一六　會編建炎元年十月二十九日乙酉條。

註一七　會編建炎二年二月甲戌條。另要錄卷十三、頁十一下至十二上。

註一八　會編建炎二年八月宗澤卒條引中興遺史、林泉野記、靖康小雅文。另宋史卷三百六十宗澤傳，卷四百七十二黃潛善傳可參閱。

註一九　有關高宗對信王起兵五馬山之掣肘經過可參閱陶晉生「南宋初信王榛抗金始末」一文（載中華文化復興月刊三卷七期民國五十九年七月出版）。

註二〇　會編建炎二年九月三日甲申條引中興遺史載郭永對杜充之評語「有志而無才，好名而遺實，驕蹇自用而有虛聲」又引靖康別錄所載「……充無意于虜，盡反(宗)澤所爲，故河北諸屯豪傑皆散，而充又務誅殺，故城下兵復爲盜，去掠西南州縣，數郡不能止」可知宋廷之用人。

註二一　會編建炎元年十月一日丁巳條。

註二二　同註十九。

註二三　宋史卷二十五高宗本紀㈡建炎三年二月戊辰條載金人焚揚州，會要建炎三年三月二十日己巳條載金人焚揚州…退軍，今從會要。

註二四　權知磁州蘇珪叛附于金人，南京守臣凌唐佐被執，敵因而用之。黃州知州事趙令宬死之。參會要建炎三年六月二十八乙亥條，要錄卷二十八同年九月壬子條，十月庚子條。

註二五　宋史卷四百七十五杜充傳，卷三百六十五岳飛傳。飛傳載諫充不可棄中原語，充傳反不載。

註二六　同前註。

註二七　宋史卷二十五、二十六高宗本紀㈡、㈢。要錄卷三十一建炎四年二月丙子條。至於東路軍及西路軍的進攻路線及目標均爲鞏固掩護中路軍之追擊，今不詳述，可參要錄卷二十六至三十一，及宋史、金史有關各傳。

註二八　有關韓世忠扼挫兀朮事，可參宋史卷二十六高宗本紀㈢，卷三百六十四韓世忠傳，金史卷七十七宗弼（兀朮）傳及宋史紀事本末卷六十四金人渡江南侵有關章節，今不覆述。

註二九　見宋史卷二十四、二十五高宗本紀、卷三百五十八、三百五十九李綱傳、卷三百六十宗澤傳、卷四百五十五陳東、歐陽澈傳，卷四百七十三黃潛善、汪伯彥傳。汪、黃因擁立而被重用，陳東等則觸忌諱而罹殺身之禍，則高宗氣宇可知。

註三十　會編建炎三年三月五日癸未條。另要錄卷二十一同年同月癸未條。

註三一　宋史卷二十五高宗本紀一。

註三二　同前註，另宋史卷三百六十一張浚傳，卷三百六十二呂頤浩傳、卷四百七十五苗傳傳。又要錄卷二十一、二、三，建炎三年三月癸未條，四月庚午條，五月丁亥條。會編建炎又三月五日癸未條，四月一日戊申條，六月癸丑條。

註三三　另要錄卷三〇建炎三年十二月癸未、甲申條可參閱。又會編建炎三年十一月己巳條、十二月十二日丙戌條。又宋史卷二十五高宗本紀二。

註三四　宋史卷二十五高宗本紀二。

註三五　會編建炎三年六月七日甲寅條。另會編建炎三年三月十四癸亥條汪伯彥奏乞賜竄殛劄，十六日乙丑條黃潛善、汪伯彥再乞罷黜，十八日丁卯條御史中丞張澂論黃潛善、汪伯彥乞重賜竄黜、十九日戊辰條汪伯彥再乞竄黜皆不聽，至二月二十日己巳條黃潛善始罷爲觀文殿大學士知江寧府，汪伯彥爲觀文殿大學士知洪州，再至六月七日甲申條黃潛善方責授寧遠軍節度副使永州安置、汪伯彥責任江州團練副使英州安置，則高宗對汪、黃二人不忍之心由此可見。

註三六　會編建炎三年二月二十四日癸酉條。而陳東之被殺，實因上疏言：「上不當即大位，將來淵聖皇帝來歸，不知何以處此？」而棄市。當時忤逆高宗之心病而死，今卻爲其追贈官職，豈高宗仁厚哉？蓋人既死，口已塞，今贈官存撫，既諉過于汪、黃二人，又惠而不費，予大臣，百姓英明睿斷之印象，實一舉而數得。

註三七　金史卷七十七劉豫傳，宋史四百七十五同傳。

註三八　要錄卷三十五建炎四年九月戊申條，會編建炎四年七月丁卯條。另宋史卷二十六高宗本紀三，金史卷三太宗本紀可參。

註三九　金史卷七十七劉麟傳。

註四十　宋史卷二十六高宗本紀三。

註四一　同前書卷四百七十五劉豫傳。

註四二　要錄卷五十一，紹興二年正月乙未條。

註四三　亦見會編三年十月十八日己亥條、十月二十二日癸卯條，要錄卷六十九，紹興三年十月己亥條。另資治通鑑後編（下稱通鑑後編）卷一〇九，紹興三年十月己亥、壬寅條。

註四四　亦見大金國志卷八、天會十二年秋條。通鑑後編卷一一〇，紹興四年九月庚午條。會要紹興四年九月十五日辛酉條。宋史卷二十七高宗本紀四紹興四年九月庚午、壬申條。

註四五　宋史卷四百七十五，劉豫傳。

註四六　同前註。另要錄卷七十八，紹興四年七月丁丑條。羅誘上書劉豫曰：「我無四議之惑，彼有六擊之便。」

註四七　宋史卷二十七高宗本紀四紹興四年十月丙子朔條至十月己亥條，另卷四百七十五劉豫傳。卷三百六十四韓世忠傳。要錄卷八十一，紹興四年十月戊子條。

註四八 宋史卷二十七高宗本紀四紹興四年十一月至十二月條，卷三百六十四韓世忠傳、三百六十五岳飛傳、三百六十一張浚傳、四百七十五劉豫傳。又要錄卷八十三，紹興四年十二月庚子條，會編紹興四年十二月三十日甲辰條。

註四九 宋史卷二十八高宗本紀五紹興四年九月條，卷四百七十五劉豫傳。另大金國志卷九天會十四年條。

註五〇 宋史卷二十八高宗本紀五紹興六年十月條，卷四百七十五劉豫傳、三百六十四韓世忠傳、三百六十七楊存中傳。又要錄卷一百六，紹興六年十月甲辰條。

註五一 宋史卷二十八高宗本紀五紹興六年十月條，卷四百七十五劉豫傳。要錄卷一〇六，紹興六年十月丙申、甲辰條。另會編紹興六年十月八日壬寅條。

註五二 宋史卷二十八高宗本紀五同前條。要錄卷一百六紹興六年十月甲辰條。

註五三 宋史卷四百七十五劉豫傳。

註五四 宋史卷二十八高宗本紀五紹興七年五月丙戌條。

註五五 宋史卷二十八高宗本紀五紹興七年十一月丁未條，卷四百七十五劉豫傳紹興七年十一月丙午條。會編紹興七年十一月十八日丙午條。今從會編。

註五六　宋史卷二十七、二十八高宗本紀四、五。

註五七　宋史卷二十八高宗本紀五、三百六十一張浚傳、三百六十五岳飛傳、四百七十五劉豫傳。

註五八　石文濟「南宋中興四鎮」第一章第一節一、內憂對南宋盜賊形成的原因有詳細之論述，可參閱。

註五九　同前註頁四十二至五十五。

註六〇　另要錄卷三十三，建炎四年五月甲辰條，通考卷六十二，職官十六，鎮撫使條。

註六一　要錄卷三十三，建炎四年五月甲子條。

註六二　石文濟前引文頁九十五至一百二鎮撫使之設立。

註六三　有關高宗對諸將的猜防部份，將于後面章節論述。

註六四　要錄卷三〇建炎三年十二月癸未：完顏宗弼（兀朮）自吉安進兵獨松嶺，嘆曰「南朝可謂無人，若以羸兵數百守此，吾豈能遽度哉？」另會編建炎三年十二月九日癸未條亦同。至韓世忠黃天蕩一役，金人不敢再言渡江，陝西之役，遭吳玠兄弟大挫，金將懼而泣，不敢窺蜀者數年。（宋史卷三百六十六吳玠、吳璘傳）可見建炎初金人的目中無人，至此已敵我易勢。

註六五　王夫之宋論卷一〇。

註六六　金立劉豫，本欲其爲傀儡，併滅南宋，金按兵息民便利統治也，故其始終不視南宋朝廷爲一合法政權（否則立劉豫僞齊將毫無意義），高宗屢遣使談和不爲金所拒，亦必爲僞齊所沮，豈能有結果？僞齊亡，宋金相抗，始有對等地位可言。

註六七　宋廷主和者有高宗、秦檜等，金廷則以撻懶、宗磐等，見宋，金史各有關本傳。

註六八　要錄卷一百一十九，紹興八年七月乙酉條。另會編紹興八年七月條，宋史卷二十九高宗本紀六。

註六九　要錄卷一百二十二紹興八年十月丁亥條。會編紹興八年十二月一日癸丑條，惟會編前已有大臣論奏此事，可知此事在十二月前，今依要錄。

註七〇　要錄卷一百二十四紹興八年戊辰條、戊午條。宋史卷二十八高宗本紀五紹興八年十二月戊午條。要錄對秦檜推動議和之參預有較詳細記錄，對高宗態度也有明確刻劃。

註七一　要錄卷一百二十四，紹興八年十二月丁丑條，宋史卷二十八高宗本紀五紹興八年十二月丁丑條。

註七二　要錄卷一百二十七，紹興九年三月丙申條，宋史卷二十八高宗本紀五紹興九年三月丙申條。

註七三　要錄卷一百三十紹興九年七月己亥朔條，會編紹興九年七月十一日戊午條。

註七四　宋史卷三百七十一王倫傳。

註七五　宋史卷三百六十六吳璘傳、大金國志卷十一熙宗紀三。

註七六　宋史卷三百六十六劉錡傳、卷三百六十五岳飛傳、卷三百六十九張俊傳，卷三百六十七楊存中傳。另大金國志卷十一熙宗紀三。

註七七　金史卷四熙宗本紀天眷三年九月癸亥條、要錄卷一百三十七紹興十年九月是月：

　金主亶殺尚書右丞相陳王希尹（兀室），右宰相蕭慶。……初，希尹與慶在兵閒，皆晉國王宗維（翰，即粘罕），而都元帥宗弼（兀朮）素出其下，至是宗弼得權，凡希尹所以致罪，則宗弼之爲也。

希尹，蕭慶爲粘罕心腹，粘罕死，希尹等無奥援，遂爲人譖而被殺，則史所稱欲爲亂，應是爲政敵（兀朮）所譖所致。而兀朮退兵之擧與希尹之亂關係異常牽強，今披閱金史熙宗本紀、希尹傳、宗弼傳皆未載此亂事，且希尹傳末有平反語，可知此事應爲政治鬥爭，希尹並非眞爲亂也。而宗弼傳不載爲岳飛所敗語，但記還軍於汴，至日希尹誅事，而載岳飛等軍皆退去，飛軍兵退原因不明，則希尹事件應是爲金軍撤軍粉飾之藉口爾。

註七八　宋史卷三百六十五岳飛傳紹興六年條亦載。

註七九　宋史卷三百六十九張俊傳亦載。

註八〇　亦見通鑑後編卷一百一十二，紹興七年閏十年癸未條。

註八一　要錄卷一百〇九紹興七年二月庚子條。

註八二　宋史卷三百六十五岳飛傳紹興八年秋條。

註八三　宋史卷二十五高宗本紀二建炎三年七月丁亥、己丑條。

註八四　要錄卷三十八，建炎四年十月辛未：

……檜自中京閒行南歸，則無是理。檜與何桌、孫傅、司馬樸同被拘，三人不得歸，而檜獨得歸，此可疑一也；自中京至燕千里，自燕至楚州二千五百里，豈無防禦之人？而踰河越海並無幾察，此可疑二也；檜自請隨軍至楚，定計於食頃之間，向使金人初無歸檜之意，第令隨軍，則質其家屬必矣，胡爲使王氏隨行，此可疑三也；張邵所奏，時檜衣褐憔悴，蓋被執而訓童讀，而檜自序乃云，劉請欲殺己以圖其囊橐，既有囊橐，豈是奔舟？此可疑四也。夫以檜初歸見上之兩言，始相建明之二策，與得政所爲，前後相符，牢不可破，豈非檜在金廷，嘗倡和議，而達賚縱之使歸邪？

大金國志卷六，天會六年（建炎四年）十一月，「歸秦檜于宋，用粘罕（宗翰）計也。檜之入北，從二帝之上京，逮二帝東徙韓州，檜依撻辣爲其任用。撻辣南征，以檜爲參謀，以催錢糧爲名，挈家泛小舟抵漣水軍，自言殺北軍之監己者奪舟來歸。然全家同舟，婢僕亦如故人，人皆知其非逃歸也。」

註八五　宋史卷四百七十三秦檜傳。

註八六　同前註。

註八七　同前註。

註八八　同前註。

註八九　宋史卷三十一高宗本紀八紹興二十六年三月丙寅條。

第三章　靖康難後北方之局勢

靖康之難可說是北宋政府腐敗黑暗政治的一次大總結帳。從宋眞宗對遼澶淵之盟後，宋廷對北方的遼和西北的西夏即一直抱著未可如何之態度。就是在仁宗時范仲淹、韓琦名臣的努力經營西夏，雖宋人自稱「仲淹爲將，號令明白，愛撫士卒，諸羌來者，推心接之不疑，故賊亦不敢輒犯。」（註一）但韓、范終是文臣，終不得對西夏有決定之打擊，另夏元昊雖數勝，死亡創痍者亦衆，終以和議了事。神宗之時雖再與西夏交戰，亦無結果。（註二）

而宋朝此種對外力抗衡之軍事力量萎頓，實與宋初立國政策有密切之關係，此等關係及影響，前賢已多闡發。（註三）而仁宗慶曆、神宗熙寧之變法雖企圖挽救這種政治危機，但可注意的是，范仲淹、王安石他們所欲改革的層面乃只限於文官系統，對於君主集權中央強幹弱枝的基本國策卻不輕易去討論。而這種對士大夫既得利益的挑戰，不但迸發出士大夫間爲維持既得利益的意氣之爭—黨爭外，范、王變法的原始良意也被粉碎一空（註四），更日益加深政治上的紊亂，並予無耻鑽營的小人竊柄擅政的機會，曾布、呂惠卿爲王安石所引用即是一例。

這種黨爭由英、神、哲宗，到徽宗而愈演愈烈。徽宗趙佶天生文人氣質，缺乏君主理治之才具，先後進用蔡京、童貫、王黼、梁師成、李邦彥、朱勔等權奸肆行亂政，貪瀆荼民無所不行（註五），加上前朝因冗兵、冗吏、歲幣而困乏之財政，更因徽宗爲羣小所引，揮霍無度而加速其土崩瓦解。那麼徽宗好大喜功企圖聯金以滅遼，妄想完成收復燕雲失地的計畫，無疑是加速北宋政權的傾覆罷了。

徽宗一朝，隨著政治之不修，民生經濟也因水旱天災而遭受嚴重打擊。這非但無法藏富於民，相反地因官吏的壓搾，災荒苦痛相互循環而製造更多流民，甚且淪爲盜賊。他們劫掠州縣，造成內部更大不安，如宋江、方臘之亂即是。（註六）那徽宗要想力圖恢復燕雲故地，卻不先衡量自身力量強弱虛實，只想聯金以滅遼，打著如意算盤。

馬政、趙良嗣（馬植）被派前往約定聯金攻遼後，金兵即勢如破竹所向披靡，而宋軍卻是連連潰退，即是二度再出兵取燕，卻反爲遼軍內外夾攻，士卒自相蹂踏死者不計其數。而軍需委棄道旁，相繼達百餘里，正是自熙寧以來，所儲軍實棄之殆盡。（註七）金人既見宋軍怯懦不堪，非但無力收復燕雲，且是屢戰屢敗，遂盡反前約，大加要索。雖宋廷勉強應允，但弱點既已暴露無遺，且對金政策又搖擺不定（註八），使金人有所藉口，終發動兩次侵宋戰爭，宋廷不守，徽、欽二帝、皇室及諸臣三千餘人被擄北上，北宋國祚正式壽終正寢。

北宋既亡，而軍事、政治、財政、社會之崩潰瓦解，正是勢如排山倒海似無法挽救。在此時刻，由於宋宗室遺臣，百姓黎民對前朝文治澤惠仍存感佩，加上徽宗九子趙構逃亡在外，得被擁立爲高宗，張邦昌僞楚傀儡政權也就因此自然瓦解。然即位於應天府之高宗並不堅守北方故土，而直逃南方，反置當時名將宗澤守著汴京。那麼高宗南逃前後的北方政局倒底如何呢？是誠如宗澤屢屢上疏請返駕東京所言，事大有可爲？或僅是一種虛象，一種自我膨脹而已？本章試擬就高宗建炎初即位至建炎四年逃至南方時，對這段期間北方的局面作一探討，以明瞭當時宋金局勢之一二。

首先由於靖康難後所造成的兵荒馬亂，毫無疑問地，潰卒流民勢必趁時劫掠，這可從當時之史料窺透不少信息。有關南宋初期盜賊猖獗之情形可參前賢整理排比之資料（註九）見知，惟可注意的是這批出身流民、潰卒，少者數百，多至數十萬，騷擾達江淮、東南的盜寇，其繼起繼仆達一百三十餘股，爲患時間達十年之久（建炎元年至紹興六年），其對南、北方的社會、經濟的穩定無疑有鉅大之破壞力（註十一）。那麼相對於此的是靖康難後的北方，在盜亂不絕如縷的情況下，在宗澤個人威望號召下的河北、以及隨後由張浚出任川陝宣撫使的川陝，再加上當時的江淮地區，這些地區的局勢是有待我們逐一去探討的。

第一節　靖康後宗澤號召下的河北地區

一、宗澤出守河北前的作爲

宗澤字汝霖，婺州義烏人，元祐六年登進士第，廷對極陳時弊，考官惡直，實末甲，調大名。呂惠卿令視河埽，澤適喪長子，奉檄遽行，惠卿聞之曰：「可謂國爾忘家者。」又朝廷大開御河，時方隆冬，役夫僵仆于道中，使督之急。澤曰：「浚河細事。」乃上書其帥曰：「時方凝寒，徙苦民而功未易集，少需之至初春可不擾而辦。」卒用其言，上聞從之。惠卿辟爲屬辟調衢州龍游令，民未知學，澤爲建庠序，設師儒，講論經術，風俗一變，自此擢科者相繼。後因忤朝官被貶通判登州，境內官田數百頃，皆不毛之地，歲輸萬餘緡，率横取於民，澤奏免之。後朝廷遣使由登州結女眞盟海上謀夾攻契丹，澤遂退居東陽結廬山谷間。（註一一）

靖康時金人毀信圍汴，太原失守，官兩河者率託故不行，澤曰：「食祿而避難不可也。」即日單騎就道，從羸卒十餘人往知磁州。磁經敵騎蹂躪之餘，人民逃徙，帑廩枵然，澤至，繕城壁、浚皇池、治器械、募義勇，始爲固守不移之計。（註一二）金人渡河後雖遣兵攻之，澤環甲登城，親率軍士擊退之，所獲羊馬金帛悉以賞軍士。

康王再使金時，至磁，爲澤勸阻不行，遂回相州。會京師使人齎蠟書詔命康王爲兵馬大元帥，澤副之，領兵入衛，澤雖屢奏請速進師解京師之圍，然爲汪伯彥等所沮，康王遂移軍東平，澤自請領兵至開德，而澤自是不得領元帥府之謀議矣。（註一三）

澤至開德，十三戰皆捷，部將或有遲疑滯留者，澤以恩威御之使得效死，而士卒知必死，也無不以一當百。且澤又能料敵先機，使金軍襲營無功而返，平日與士卒同甘苦，故人樂爲用。（註一四）然澤雖屢爲書與諸道勤王帥勸督兵入援，據金人歸路，邀還二帝，趙埜、范訥皆以爲狂言，不答，而勤王之兵卒無一至者。（註一五）

康王即帝位於南京，澤入見，涕泗交流陳興復大計，李綱奇之，高宗雖欲留，終爲黃潛善所沮。後澤屢再上疏願躬冒矢石，爲諸將先得捐軀報國之恩，高宗乃因李綱之薦而爲開封府尹，澤時年六十九矣。（註一六）而澤至開封正是：

> 敵騎留屯河上，金鼓之聲日夕相聞，而京城樓櫓盡廢，兵民雜居，盜賊縱橫，人情洶洶……（註一七）

二、宗澤守汴的治績及杜充之失敗

澤到任後，首先補誅舍賊者數人，下令爲盜賊者無輕重並從，由是盜賊屏息民賴以安。澤隨即以眞誠感動收服當時橫行河北之盜魁如王善、王再興、李貴、丁進等，使彼等俯首聽命效忠宋室（註一八），其衆高達二百餘萬，聲勢不可謂不大，則此等勢力向心之所在也正足以說明宗澤在河北地區之威望。然宗澤本人也明白當此亂世，此輩匪盜之收用乃是乘其方新之氣也。（註一九）而屢上疏請高宗歸汴大舉渡河，乃是知羣雄宜速用並可因糧於敵，不可久處而生變於內也。彼等因宗澤之忠義感召而結合，若無法將羣盜因時乘勢作最有效之運用，則勢必再潰散成盜賊流禍地方而後已。

然事與願違，當宗澤收合諸盜合兵六十萬欲渡河之際，（註二〇）且先以薛廣、王善、張用爲前驅。遠在南方的黃潛善、汪伯彥等主和大臣，一以疾忌澤之成功，又疑其謀變，另派郭仲荀爲京師副留守，實際上也就是監視掣肘澤之行動。（註二一）而不幸的是，同時在河北起義與宗澤彼此呼應的五馬山寨也爲金兵所破，宋宗室信王榛被俘。（註二二）在此內外憂憤的情勢下，宗澤終於抑鬱成疾，疽發於背而在建炎二年八月病卒。

隨著宗澤之去世，南方宋廷對這批新收服之盜寇，並不思善加安撫運用。當澤死數日，將士去者十五，都人憂之，相請于朝，言澤子穎嘗居戎幕得士卒心，請以繼其父任，然杜充已除留守，而以穎充留守判官。而杜充之行徑乃是「有志而無才，好名而遺實，驕蹇自用而有虛聲。」正是以此當大任，鮮不顚沛矣！（註二三）而杜充繼任後也盡反宗澤所爲，務以誅殺御下，大失人心，河北諸屯豪傑如王善、張用復叛去爲盜，刼掠西南州縣，數郡不能止。（註二四）而金人也在喜聞澤死訊之餘，乘汴京情勢不隱，於建炎二年九月，二度侵宋。杜充在內外皆無可用之人的情形下，只有匆忙拋棄宗澤生前苦心經營的黃河地區，而急急逃向江南，即是岳飛的苦苦哀諫（註二五），也無力使充奮聚抗金之勇氣於萬一！更可恨的乃是充竟於建康敗後投降於金營，而宋廷所倚重之方面大臣（註二六）也就輕易地把黃淮中原拱手讓予金人了。

三、餘論

從宗澤出任東京留守到病逝止，共一年逾月餘，其所力守者乃是中原兩河之地。蓋金人雖挾二帝北去，且立張邦昌建立僞楚，然金人既退，邦昌退位，高宗即位，可見得金人得土未固，宋室基礎仍存，正是李綱所奏：

……河東惟失太原、忻、代、澤、潞、汾、晉七郡，河北惟失眞定、懷、衞、濬四郡…（註二七）

金人所竊佔之地不過爲兩河三路五十五郡中之十一郡，則其勢實大有可爲，無怪乎李綱會一再上奏請收復兩河：

……今日中興規模，有先後之序。當修軍政、變士風、裕賢才、寬民力、改弊法、省冗費、誠號令、信賞罰、擇帥臣、選賢司，俟吾政事已修，然後可議興師。中尤急者，當先理河北、河東，蓋兩路惟失眞定等四郡，河東惟失太原等七郡，其餘皆在，且推其土豪爲首，多者數萬，少者數千，不早遣使慰撫之，臣恐久之食盡，援兵不至，即爲金人用矣。謂宜於河北置招撫司，河東置經制司，擇有才者爲使，以宣陛下德意，有能保一郡者，寵以使用，如唐之方鎭，俾自爲守，則無北顧之憂矣。……（註二八）

宗澤也就在李綱力荐之下得一展抱負，張所、傅亮也被派遣經營河北、河東（註二九）。但宗澤等既被命在外，且只由李綱的支持，對於黃潛善、汪伯彥的主和氣焰終究無力對抗，不但所、亮進止遭受阻撓（註三〇），李綱也終被迫罷職（註三一）。從此汪、黃主政，綱所論進取措施，悉遭罷棄。自是「…張所以罪去，傅亮以母病辭歸，招撫經制二司皆廢，車駕遂東幸，兩河郡縣相繼淪陷，凡綱所規劃，軍民之政一切廢罷，金人攻京東西殘毀關輔，而中原盜賊蠭起矣！」（註三二）而澤所屢上回師之疏，也就爲汪、黃輩視爲狂言（註三三）終致飲恨而逝。

綜觀宋廷此時期之局勢，李綱既言金人僅得十一郡，且並無異議者，則中原兩河之局應不出其所論太遠，若此，宗澤、張所、傅亮等將領在北方所進取者實大有可爲。惜朝廷中主戰者僅李綱、許翰及布衣陳東等寥寥數人，而陳東被殺，許翰求去，李綱被罷後，汪、黃得勢，車駕東幸後，北方陷爲孤兒之境，雖宗澤百求而不應，終淪入金人鐵蹄之下。

第二節　靖康後的川陝經營

一、經營川陝的定策者—張浚

靖康亂後，北方塗炭，羣寇並起，同時在關陝方面，金軍也趁勢而下。此等情勢可由建炎元年到四年的三次入侵路線（註三四）可知，金人對宋廷的滅亡計劃是整體並進的。然此時因金兵孤軍深入，再以曲端、吳玠等諸將的併力合作（註三五），暫時保有對峙之局。然有識之士如張浚之流，終必以關陝之經營爲宋室之屏障而著眼，故在建炎三年四月苗傅、劉正彥亂事平定，張浚在出任知樞密院事後，高宗詢以戰守大計而建言：

……若欲致中興必自關陝始，又恐虜或先入陝陷蜀則東南不復能自保……，浚請身任陝蜀之事，置司秦川，而別委大臣與韓世忠鎭淮東，令呂頤浩扈駕來武昌，張浚、劉光世從行，庶與秦川首尾相接……。（註三六）

高宗納其議，乃以浚爲川陝京西湖南北路宣撫處置使（註三七）聽便宜黜陟。

建炎三年秋七月庚子，張浚發建康，未及武昌而呂頤浩已變初議，此爲浚治川陝無法有大成之原因，然浚終於此年冬十月壬辰抵興元並上疏：

……竊見漢中實天下形勢之地，臣頃待帷幄親聞王音號令中原必基於此，臣所以不憚萬里捐軀自效庶幾奉承　聖意之萬一，謹於興元理財積粟以待巡幸，願　陛下早爲西行之謀，前控六路之師，後據兩川之粟，左通荊襄之財，右出秦隴之馬，天下大計斯可定矣……（註三八）

然浚未至興元時，金軍已陷鄜（陝西鄜縣）、坊（陝西中部）兩州。九月廿九日金將婁宿孛堇再引大兵渡渭河犯長安，經略使郭琰棄城遁走，金兵四掠。長安陷後，婁宿再合尼楚赫及宋降臣折可求聯兵十餘萬，進犯陝州。陝州守臣李彥仙告急於浚，浚檄都統制曲端以涇原兵來援，然端素疾彥仙出己上，無出兵意，浚雖匆忙出師，然至長安而道阻不得進。彥仙日與金人戰。戰士未嘗解甲，雖金人啗以重利亦嚴詞以拒，終因孤軍無援力戰城陷而殉難（註三九）時已是建炎四年正月十四日。

當此虜焰高張，諸帥不合之際，張浚乃不辭辛苦，至陝旬日即出行訪問風俗，罷斥姦贓，而尤以搜攬豪傑爲先勝，一時氣義拳勇之士爭集麾下，吳玠及其弟璘即是求見浚願自試，而予不次擢用。浚命玠爲都統制，璘領帳前親兵，皆感激誓以死報，而諸帥亦惕息聽命。（註四〇）浚爲充裕軍餉乃以趙開爲隨軍轉運使，專總四川財賦，大變酒法，即舊撲買坊場所置隔醲，設官主麴與醲具，醲戶各以米赴官自醲，斛輸錢三十子錢二十二，其醲之多寡惟錢是視不限數也。又於秦州置錢引務，興州鼓鑄銅錢，官賣銀絹聽民以錢引或銅錢買之，凡民錢當入官者並聽用。引折納，官支出亦如之，民私用引爲市，於一千幷五百上，許從便增高其值，惟不得減削，法既流通，民以爲便。又變塩法，每塩引一斤納錢二十五，土產稅及增添等共納九錢四分，所過每斤征錢七分，住征一錢五分，若以錢引折納，別輸稱提勘合錢共六十。時浚銳意興復，委任不疑，開則悉智慮於食貨，算無遺策，雖支費不可計而贏貲若有餘。浚得以荷重寄治兵秦川，經營兩河，旬犒月賞，期得士死力，費用不貲，實得力於開矣！（註四一）

二、曲端之罷與富平兵潰

張浚既治關陝力圖有爲，然諸帥未協實爲阻碍，李彥仙之死即是一例，而其事件核心人物乃是涇原統制曲端。端警敏知書長於兵略，然剛愎自用輕視其上，端先與權陝西制置使王庶不合，紹興二年十一月金兵寇鄜延，庶在坊州聞之，乃夜趨鄜延以遏其勢，並屢督端統涇原勁兵馳援，端陽許而實無行意，致有延安之陷，庶進退失據再馳端軍倚以爲助，幾爲端所誅而奪其兵，幸爲謝亮所制止，然端終奪庶節制使印，並拘縻其官屬。（註四二）既而復疾彥仙出己上不肯出兵援陝州之圍，致有陝州淪陷而彥仙死難。（註四三）

觀曲端之所爲不可不謂跋扈，而朝廷亦頗疑其有貳心，幸賴張浚以百口明端不反，反而於建炎三年十二月甲申築壇拜端爲威武大將軍宣州觀察使宣撫處置使司都統制，端登壇受禮軍士歡聲如雷。蓋浚以端在陝西屢與金人相抗，欲仗其威聲，乃有此擧。（註四四）其收攬英傑，銳意關陝之志，昭然可見。

然浚雖用端，卻以人言浸潤不能無疑，乃遣張彬詣渭水州察之，彬見端詢以禦金之策，端曰：

……兵法先較彼己，今敵可勝止婁宿孤軍一事，然將士精銳不減前日，我不可勝亦止合五路兵一事，然將士無以大異於前，況金人因糧於我，我常爲客，彼常爲主，今當反之，按兵據險，時出偏師以擾其耕穫，彼不得耕，必取糧河東，則我爲主彼爲客，不一二年必自困斃，可一擧而滅也，萬一輕擧，後憂方大……（註四五）

彬覆命於浚，浚不以爲然，蓋端力主持重，以游擊堅守困敵，而浚求速攻敗敵，故雖用端而不信其策。

建炎四年二月，金兵三次南侵無功而返，而金將兀朮（宗弼）猶徘徊淮西，浚欲出兵牽制，問計於曲端，端再澆以冷水，曰：

……承平之久，人不經戰，金人新造之勢，難以爭鋒，且宜大兵秣馬保疆而已！俟

十年方可議戰。（註四六）

浚以端不主戰，不喜，復以彭原店之役，端將吳玠先勝後敗，端不爲援，竟引兵退屯涇州，乃於六月罷端兵柄，再貶海州團練使萬安軍安置。（註四七）

七月，兀朮（宗弼）趨兵陝西，張浚乃檄劉錫、孫偓，劉錡、趙哲及吳玠合兵二十萬馬七萬以迎敵。此集全陝六路兵馬之孤注一擧，雖前軍統制王彥以爲不可，曰：

陝西兵將，上下之情皆未相通，若少有不利，則五路俱失，不若屯兵利閬州興洋以固根本，設若敵人犯境，則檄諸路將帥互爲援以禦敵，若不捷，亦未至爲大失也。（註四八）

而劉子羽亦以爲不可，浚終以解東南之急而不從。（註四九）待兵次富平，諸將議戰，吳玠謂地勢不利，宜據高阜，諸將皆以我師數倍，前阻葦澤，敵有騎兵不得施，何用他徙，浚竟不聽，九月二十四日婁室引兵三千驟至，同時囊土籍淖，進薄諸營，雖劉錫、劉錡諸將率兵力戰，然趙哲擅離所部，哲軍將校見塵起驚遁，諸軍皆潰，浚退保興州，而金人得勝不追，所獲珍寶如山岳，不可計。（註五〇）

浚既兵潰，乃斬趙哲以殉，命吳玠聚兵扼守和尙原、大散關以斷敵路，另以關師古等守岷州大潭，孫偓賈士方等聚涇原鳳翔兵于階、成、鳳三州以固蜀口。自是關陝不可復，而浚出使經略關陝之本意全失。浚初以經營關陝以圖規復進取，然竟落得關隴六路全失，止餘階、成、泯、鳳、洮五郡及鳳翔之和尚原，隴州之方山原而已。

三、曲端之死與張浚治陝餘論

富平兵潰，浚退保興州，時輜重焚棄將士散亡，惟親兵千餘自隨，人情大震，官屬有建策徙治夔州者，幸參軍劉子羽叱之，曰：

> 孺子可斬也，四川全盛，敵欲久寇久矣，直以川口有鐵山棧道之險未敢遽窺耳，今不堅守縱使深入，而吾僻處夔峽遂與關中聲援不相聞，進退失計悔將何及，今幸敵方肆掠未逼近郡，宣司但當留駐興州，外繫關中之望，內安全蜀之心，急遣官屬出關，呼召諸將收集散亡，分布險隘堅壁固壘，觀釁而動，庶幾或可以補前愆而贖後咎，奈何乃爲此言乎？（註五一）

浚以子羽之言爲然，而諸參佐無敢行者，子羽即自請奉命北出，復以單騎秦州召諸亡將，諸亡將聞命大喜，悉以其衆來會，軍勢復振。子羽復請命吳玠柵和尚原守大散關，而分兵徙守諸險塞，金人知有備，遂引去。

浚既敗於富平，乃思曲端之言，欲復用。然吳玠與端已因前彭原店之役殊有憾隙，乃言端再起必不利於浚，王庶又從而間之，浚入其說亦畏端難制。庶又言端嘗作詩題柱曰：「不向關中興事業，卻來江上泛漁舟」有指斥乘輿之嫌，於是送端恭州獄。紹興元年八月端竟再因前曾鞭武臣康隨，而終爲隨挾怨陷死於獄中。（註五二）端死，陝西士大夫莫不惜之，軍民亦皆悵悵有叛去者。

紹興二年十二月張浚解除川陝兵柄改知樞密院事（註五三），其經略關陝乃告一段落。浚自建炎三年五月出任宣撫使至被召知樞密院事共三年有餘，其間，訓新集之兵，當方張之敵，以劉子羽爲上賓，任趙開爲都督轉運使，擢吳玠爲大將以守鳳翔，其力圖規模之心不可謂不足。而子羽慷慨有才略，開善於理財，玠每戰輒勝，則浚用人任才之識見實有獨到之處，乃能得此經略僚屬爲其盡力，故雖有富平兵敗之憾，但終能使西北遺民日益歸附。而關陝雖失，全蜀則安堵，且以形勢牽制金人無法全力進攻東南，江淮賴以安定，其功績則實瑕不掩瑜。

而浚治關陝，若有缺失則一爲殺曲端，一爲富平輕帥失利。端雖具武略，然恃才傲物，先不服王庶之節制，既而迫逐奪其印，爾後又坐視李彥仙被圍而殉死，彭原店之征復與吳玠不合，其陵上威下跡近跋扈，浚則務攬豪傑，百口保之拔爲大將，似應予以重用。然浚終因端議兵持重與之不合，而藉故罷之，既而富平敗績，復追思用端，然竟以吳玠、王庶之譖而殺於恭州，以端之剛愎自用輕視其上，動違節制，其遭厄難實由自取。但浚既有恢宏之氣度擬自關陝以致中興，既擢用端於先，復因譖殺之於後，則忽賢忽佞，始堅信而終讒死，刑罰

失平，過乎？豈無過乎？（註五四）

至如富平之敗，則正如王彥等所言陝西兵將上下之情未通，未可輕舉也。而浚始於建炎三年治兵興元，翌年即有富平用兵之事。以年餘經營兵食未厚之兵，與其勢方銳之金兵相爭，不思王庶何以被辱？亦不思前李彥仙何以致死？旣不以王彥之策爲然，復責曲端以不戰，幕客言兵馬一集，則一掃金人盡淨，竟大喜之。（註五五）至兵馬俱集則復大喜，與金兵相扼，復以敵虜爲怯，破虜必矣，其宜喪師也必然。（註五六）然幸其能任劉子羽、趙開、吳玠諸將才賢士而不疑，故關陝雖失而全蜀安堵，且以形勢牽制東南安定江淮，其功仍大於過。則浚治關陝三載，初以中興自任，請纓西行，忠義慷慨，而高宗亦假以便宜之權。後雖急於求勝而有富平兵敗，但退守興閬得吳玠等力屢拒金人於和尚原、仙人關，亦有全蜀之功，竟因讒疾而爲呂頤浩、朱勝非、辛炳等所劾去（註五七），而關陝之經略竟無疾而止，惟吳氏兄弟力守四川，亦是浚經略關陝之遺音耳！

【註釋】

註一　宋史卷三百十四范仲淹傳。

註二　宋史卷四百八十五、四百八十六夏國傳上、下。

註三　蔣復璁「宋代一個國策的檢討」載宋史研究集一輯。

註四　范仲淹的「上十事疏」，王安石的變法無一不出自大公無私，後者步驟雖稍偈急，惟仍有可觀者，歷來史家梁任公、錢賓四先生都予以一定之評價。

註五　資治通鑑長編拾補卷五十一，宣和七年十二月甲子條陳東上欽宗誅六賊書陳述最為詳盡，可參閱。

註六　宋史卷二十徽宗本紀二，卷四百六十八童貫傳。

註七　會編卷十一宣和四年十月廿五日庚午條、二十八日癸丑條、二十九日甲寅條。另宋史卷二十二徽宗本紀四、卷四百七十二郭藥師傳。

註八　金人第一次侵宋，乃是因宋納金叛將張瑴及拒付西京犒軍錢糧，且又欲聯遼抗金。第二次侵宋則是宋悔割三鎮及再度欲聯遼抗金，遂有貽耶律余覩蠟丸而為金人蕭仲恭所獲之事。而君臣對和戰意見莫衷一是，遂肇北宋之亡。參宋史卷二十二徽宗紀四、卷二十三欽宗本紀、卷三百五十八李綱傳上、卷四百七十二趙良嗣傳。

註九　石文濟「南宋中興四鎮」頁四十二—五十五「南宋初期羣盜表」（中國文化大學史學博士論文未刊本）

註一〇　同前引書。

註一一　宋史卷三百六十宗澤傳。

註一二　同前註。

註一三　同前註。另四朝名臣言行別錄卷之五「宗澤忠簡公」傳，李安「宋高宗初在相州（安陽）出任兵馬大元帥始末」

註一四　宋史卷三百六十宗澤傳，四朝名臣言行別錄卷之五「宗澤忠簡公」傳。

註一五　同前註。

註一六　同前註。

註一七　同前註。

註一八　宋史卷三百六十宗澤傳「……王善者，河東巨寇也，擁衆七十萬，車萬乘，欲擄京城，澤單騎馳至善營，泣謂之曰：『朝廷當危難之時，使有如公一二輩，豈復有敵患乎？今日乃汝立功之秋，不可失也。』善感泣曰：『敢不效力？』遂解甲降。時楊進號沒角牛兵三十萬，王再興、李貴、王大郎等各擁衆數萬，往來京西、淮南、河南北，侵掠爲患，澤遣人諭以禍福，悉招降之。……」

註一九　王夫之　宋論。

註二〇　會編建炎二年八月東京留守宗澤卒條引林泉野記文。

註二一　宋史卷三百六十宗澤傳、卷二十四高宗本紀一、卷四百七十三黃潛善傳、汪伯彥傳。另會編建炎二年七月十五日丁亥條。

註二二　會編建炎二年七月十五日丁亥條。另陶晉生「南宋初信王榛抗金始末」（收文化復興月刊三卷七期）

註二三　會編建炎二年九月三日甲申條引遺史載提點刑獄郭永面數杜充語。

註二四　會編建炎二年九月三日甲申條引剖錄語。另宋史卷三百六十宗澤傳。

註二五　宋史卷三百六十五岳飛傳「……杜充將還建康，飛曰：『中原地尺寸不可棄，今一舉足此地非我有，他日欲復取之，非數十萬衆不可。』充不聽……」

註二六　充於宗澤死後被任爲東京留守兼開封府尹，南逃後又被任爲江淮宣撫使，韓世忠、王𤫉皆在其下。見宋史卷四百七十五充本傳。

註二七　要錄卷六建炎元年六月甲子條。

註二八　同前註。

註二九　會編建炎元年六月二十八日丙戌條：「……傅亮除河東路經制副使。」宋史卷二十四高宗本紀一建炎元年六月丁亥條：「…以張所爲河北兩路招撫使。」另要錄卷六建炎元年六月丁亥條、卷七建炎元年七月己丑條。

註三〇　宋史卷三百五十八李綱傳上「張所乞且置司北京，俟措置有緒，乃渡河。河北京留守張益謙、潛善黨也，奏招撫司之擾。又言：『自置司，河北盜賊益熾。』綱言：『所尚留京師，益謙何以知其擾？河北民無所歸，聚而為盜，豈由置司乃有盜賊乎？』……綱言：『招撫經制，臣所建明，而張傅亮又臣所荐用，今潛善、伯彥沮所及亮，所以沮臣……願陛下虛心觀之！』…」另要錄卷八建炎元年乙亥條：「…時河東經制副使傅亮軍行才十餘日，伯彥等以為逗遛，復命東京留守宗澤節制，使即日渡河。亮言：『今河北皆屬金人，而遽使亮以烏合之衆渡河，不知何地可為家，何處處可以得糧，恐誤大事。』綱為之請，潛善等不以為然。…」可見出李綱力爭所，亮之行止而遭受潛善、伯彥讒言阻力之一斑。

註三一　綱被罷，除潛善、伯彥之譖外，另張浚亦劾以私意殺侍從，且論其買馬招軍之罪，（見宋史卷三百五十八李綱傳上）可見宋士大夫彼此意氣之爭。即如後來張浚與趙鼎之爭亦是，此等主戰派既不能捐小嫌而共盡大義，也無怪乎小人得以乘勢而入了。

註三二　宋史卷三百五十八李綱傳上。另要錄卷八建炎元年八月己卯條。

註三三　宋史卷三百六十宗澤傳。

註三四　參第二章第二節。

註三五　宋史卷三百六十九曲端傳，卷三百六十六吳玠傳。
註三六　要錄卷二十三建炎三年五月戊庚朔條。
註三七　同前註，另宋史高宗本紀二建炎三年戊庚朔條。
註三八　要錄卷二十九　建炎三年十月戊戌條。另會編建炎三年十月戊戌條。
註三九　會編建炎四年正月十四日丁戊條。另宋史卷四百四十八李彥仙傳。
註四〇　宋史卷三百六十一張浚傳、卷三百六十六吳玠傳。
註四一　宋史卷三百七十四趙開傳。
註四二　宋史卷三百七十二王庶傳、卷三百六十九曲端傳。
註四三　宋史卷四百四十八李彥仙傳。
註四四　宋史卷三百六十九曲端傳。
註四五　同前註。
註四六　會編建炎四年九月二十日己未條。另要錄卷三十六建炎四年八月癸未條。
註四七　同註四十四。另宋史卷三百六十六吳玠傳。
註四八　會編建炎四年九月二十日己未條、宋史卷三百六十八王彥傳。
註四九　宋史卷三百七十劉子羽傳。

註五〇　宋史卷三百六十一張浚傳。會編建炎四年九月二十日己未條載「浚乘騎急奔諸軍皆潰，惟趙哲牌旗不及卷，衆呼曰：『環慶路經略趙都承先走』。……後浚乃歸罪趙哲……」則富平之潰乃浚與諸軍之咎，而浚尤任之，非趙哲獨任也，今載之以存與正史之異者。

註五一　宋史卷三百七十劉子羽傳。

註五二　宋史卷三百六十九曲端傳。

註五三　要錄卷六十一紹興二年十二月甲辰條，然浚返行在則在紹興四年二月丙午，見要錄卷七十三同年條。

註五四　宋史紀事本末卷六十八「張浚經略關陝」張溥評語。

註五五　會編建炎四年九月二十日己未條。同條並載幹辦公事郭奕應聲曰：「不知是怎麼地一掃？用條箒掃？抑復用掃箒掃？」一坐皆驚愕，浚亦默然。則浚實亦知兵事之艱險，然竟不斥前幕客荒誕河漢之言，其志大於才，不納諫言，始有富平之敗，中有酈瓊兵變，終有符離之潰，豈其然？豈其然？

註五六　同前註。

註五七　宋史卷三百六十一張浚傳。

第四章　南方武力之重建

第一節　高宗即位前的武力收編

靖康之難，禍起突然，但以北宋徽、欽二朝的長期軍政腐敗，致有全面崩潰之局，而康王趙構得脫金營，並開大元帥府於相州始肇建立南宋之端，其時情勢正是：

十有二月朔，王開元帥府，有兵萬人。蓋樞密院官劉浩即相州所募義士，及信德府勤王兵，大名府救河東兵，與所招太原、眞定府，遼州潰兵而已。（註一）

則大元帥府初建時之軍力包括有康王親兵、所募義士、各地勤王兵及潰兵等，而岳飛亦於其時投效於康王幕下。

……（靖康元年）冬，高宗皇帝以天下兵馬大元帥開府河朔、至相州，先臣（岳飛）因劉浩得見。（註二）

康王既開大元帥府於相州，乃傳檄諸郡，起河北兵馬入援，共襄勤王壯舉，會編靖康元年十二月四日乙丑條載其檄文曰：

竊惟金人猖獗，再犯京城，攻圍未退，君父憂辱，臣子之心，當效死衛上。矧凡在職，世受國恩，當此艱危，豈應坐視！宜勉忠義，戮力勤王。仰逐州守臣，如指揮到日，依降詔旨，不移時刻，措置起兵，除量留本處召募到土豪，分置地方守禦外，盡數劄刷。官兵精銳趫捷，招集強壯敢勇良家弟子，堪充出戰人逐色團結，仍不夾帶老弱病患人充數，備辦犀利器甲、鎗、刀、弓、弩、箭鏃，隨隊附帶，差得人力如官兵以將佐隊，將押隊內選差，如民兵以知縣丞簿巡尉內選差，逐州守臣，更切措置糧料整齊，以防沿路次舍艱食，隨宜供億。仍差官隨軍管押支文歷，分明收支及軍兵起程日，借請外優與犒設，無致失所。兼本府已選定十二月十四日，提兵起發相州前去，過大河入大名府駐劄。仰逐州守臣，隨里路遠近計程，限于十二月二十日以後，正月三十日以後，節次到大名府會合，聽候指揮，審度前進。右劄付知中山府陳延康遘、知河間府黃待制潛善、知冀州權修撰邦彥、知信德府梁徽猷揚祖、知銘州王寶文麟、知深州姚直閣鵬、知磁州宗修撰頤（應為澤）、知德州滑大夫彥齡、知棣州趙大夫□、知博州孫大夫振、知慶源府裴刺史汝明、知保州葛刺史逢、知霸州辛刺史彥宗、知保州高刺史公輔、知廣信軍張刺史換、知濱州董大夫誼、知安肅軍王大夫澈、知恩州、知滄州、知漢州永靖軍、知清州（忘記姓名職位皆闕之）等准此。上件箚子，並蠟封先差下使臣兵級，翌日遣行，計地里，自遠及近，優給路費，取間道以行。

丙寅檄書既行，自此，每隔日一番繼遣，凡遣六番，每行，王親批曰：「逐處得回申來，更與轉一官資。」人人歡喜，冒雪以行，悉達。（註三）而各州郡勤王之兵、忠義之士、及潰兵皆紛紛來歸，如楊青、常景軍賊即是一例。會編靖康元年十二月四日乙丑條：

……先是相州屬邑林慮縣天平山，深僻險阻，磁相間豪族數十家避地，有軍賊常景，有衆號四千人，圍劫天平山，殺戮殆盡，掠取子女玉帛，占據天平山。又有軍賊楊青，哨聚號二萬人自衛璿直趨天平山，破景衆，攘取所有，仍以天平山爲巢穴，下瞰相州。景衆奔潰，稍集於縣郊，王遣秉義郎曹端仁齎金字牌，以禍福曉青。以武翼大夫閤門宣贊舍人箚子招青，俾率衆勤王。又遣修武郎陳恂，齎金字牌，以忠翊郎箚子詔景。二賊聞命，屈膝效順。是日青以一萬人，景二千人各來歸，以親信百人自衛庭參，王不設儀衛，呼而前，慰撫諭戒，以金盃酒賜之，青以盃載酒，股慄汗下，於是人知王有將將之度矣。

而張俊亦隨知信德府梁揚以兵歸於康王（註四）；並即被提拔爲親信。接著宗澤、黃潛善、韓世忠、劉光世都先後率兵來歸。會編靖康元年十二月二十二日癸未：

知磁州宗澤以兵至北京。宗澤自將二千人至北京，王循撫如信德府面諭，澤供副元帥職事（註五）

會編靖康二年正月十三日癸卯：

知河間府黃潛善、知廣信軍張換、知保定軍高公輔、知霸州辛彥宗、知安肅軍王澈，各以本州兵至大元帥府。徽猷閣待制知河開府兼高陽關路安撫使黃潛善，自將本司人馬一萬三千、知廣信軍張換二千五百、知保定軍高公輔二千五百、知霸州辛彥宗五千、知安肅軍王澈二千，以高陽關路副總管楊惟忠爲都統制，赴大元帥府，王慰藉溫厚，人人感悅。

要錄卷四建炎元年四月戊寅：

至是，（韓世忠）以其軍赴帥府，遂衛王如南京。

要錄卷四建炎元年夏四月庚辰：

王發濟州……晚次新興店。鄜延路馬步軍副總管劉光世率所部兵來會。王以光世爲五軍都提舉。（註六）

其他各郡來歸者尚有知銘州王麟（註七）、知傳州孫振、知深州姚鵬（註八）、知冀州權邦彥（註九）、知濱州董誼等（註一〇）、及濮州民兵首領王善（註一一）。

總計自康王開大元帥府於相州至建炎元年二月進次濟州止，所得各路勤王軍的計八萬餘人，會編靖康二年二月六日丙寅：

大元帥府擺布勤王人馬。丙寅……幕府奉王旨，宜分遣人馬，軍曹濮間一帶，州郡縣鎮，再整齪擺布，對寨相望，審勢進發，以將大元帥府五軍駐劄東平府，及分遣諸處擺布下項：大元帥五軍東平府駐劄先鋒辛彥宗五千人、前軍祁超二千五百人、左軍張瓊二千五百人、中軍張俊二千人、趙濙二千五百人、右軍苗傅二千五百人、後軍范實二千五百人，以上總計一萬九千五百人，馬軍在內，總號四萬人，以楊惟忠都統制。駐劄開德府人馬，副元帥宗澤下，陳淬統磁州二千人，銘州一千人、尙功緒二千人、常景二千人、王孝忠一千人、權邦彥一千人、孔彥威一萬人，以上總計一萬九千人，馬軍在內號三萬八千人，以陳淬統制，並聽宗澤節制。開德府守禦人兵不在數孔彥威一萬人，初五日議定起發駐劄濮州人馬，閭邱陞三千人、姚鵬二千人、孫振二千人，以上總計七千人，馬軍在內，總號一萬四千人，並聽副元帥宗澤附近節制。濮州守禦人兵不在數。駐劄興仁府人馬，黃潛善一萬三千人、張換二千五百人、高公輔二千五百人、王善一千人，以上總計一萬九千人，馬軍在內，總號四萬二千人，以張換總制，并聽黃潛善節制。興仁府守禦人兵不在數。駐劄廣濟軍人馬，丁順三千人、孟世甯二千人、溫宗建一千人、李大鈞一千人、張榮一千人，以上總計八千人，馬軍在內，總號一萬五千人，以丁順總制，並聽黃潛善附近節制。廣濟軍守禦人兵不在數。駐劄單州人馬，王澈二千人、董誼二千人、□□二千人，以上總計六千人，馬軍在內，總號一萬二千人，並聽黃潛善附近節制。單州守禦人兵不數內。駐劄柏林鎮人馬，劉浩二千人、白安民一千人，以上總計三千人，馬軍在內，總號六千人。右通計八萬一千五百人，馬軍在內，通號一十六萬七千人。（註一二）

後再加上韓世忠、劉光世等陸續率兵來會（註一三），及各州郡來歸者，則高宗此時所有兵力當在十萬上下，然而由前可知其分子頗爲複雜，不易統制。不過此等大元帥府時所收編之軍力，實爲後來南方朝廷根植之基礎。

第二節　高宗即位後之整軍

建炎元年五月一日庚寅，高宗即位於南京，隨即整飭軍隊，會編建炎元年五月五日甲午：

分劉浩、丁順、孔彥威、王善等軍。上命劉浩、丁順、孔彥威、王善，各以所部人分三等，軍人爲一等，百姓強壯無業可歸願充刺軍者爲一等，老小怯弱不堪出戰人爲一等，仰各具見在人數，將上二等撥入五軍收管，第三等給公據放逐人歸業。除劉浩遙郡防禦使大名府鈐轄，丁順遙郡防禦使滄州鈐轄，孔彥威遙郡使東平府鈐轄，王善人數少，與轉秉義郎，差濮州雷澤縣尉，所有逐項下使臣人兵功賞，仰各具保明狀申奏等第，速與推恩。

將此詔與二月大元帥府擺布勤王人馬詔書相較，則可知此詔將諸盜及民兵裁弱留強，並解除諸盜、民兵首領軍權，其用意不可謂不深。

除裁弱留強外，高宗更著手建立親衛，乃設置御營司統一軍權。文獻通考兵考七，禁衛兵：

高宗建炎元年五月始制御營司。以黃潛善、汪伯彥兼使副。國初以來，殿前侍御（應爲衛）馬步司三衙禁旅，合十餘萬人，自高祿（應爲俅）得用，軍政遂弛。靖康末，衛士僅三萬人，及城破，所存無幾。至是，殿前司以左言權領，而侍衛二司猶在東京，禁衛寡弱，諸將楊惟忠、王淵、韓世忠以河北兵，劉光世以陝西兵，張浚、苗傅等以帥府及降盜兵，皆在行朝，不相統一，於是始置御營司，以總齊軍中之政令。因所部爲五軍，以淵爲使司都總（應爲統）制，世忠、俊、傅等並爲統制。又命光世提舉使司（應爲司）一行事務。

御營司下轄五軍，其兵再經前整頓後，當不滿十萬。而建炎三年六月，韓世忠、張俊恥與辛企宗、陳思恭同為御營統制，及改御營司五軍為御前五軍，別置御營五軍（一四），而軍力也於此時增至十萬。（註一五）此後諸將所統軍號雖經神武軍（原御前五軍）、神武副軍（原御營五軍）、而行營護軍（原神武軍）、再而御前駐劄軍（原行營護軍）之更動，但南宋軍力則沿北方相州募兵之基礎，擴展至十五、六萬，並由劉、韓、張、岳四大將所主（註一六）。其後雖岳飛再乞增兵，終不為高宗所允，（註一七）則此時期軍力變動不大，應是十五、六萬至二十萬之間（註一八）。而何以不再擴編軍力？則應與高宗對諸將的顧忌有關，從三次軍變及岳飛密奏請建皇儲（註一九），高宗對軍將之防豈不留心，況飛尚乞請增兵？（註二〇）

然自金三次入侵南宋，隨著兀朮（宗弼）追擊，高宗竟亡命海上，則知此時期宋軍力並不足恃。蓋自靖康難後，宋軍潰敗，勢如土崩，此乃積徽、欽魚爛之勢而發，故忠勇如宗澤、韓世忠等皆嘗遭敗績（註二一），況如杜充、劉光世畏葸之輩？此等劣勢之扭轉，須待建炎四年韓世忠於黃天蕩一役，以八千兵扼兀朮（宗弼）十萬兵於江南，宋軍士氣始大振奮，而敢與金兵正面作戰，進而擊退之，與建炎初望金兵而潰不可同日而語。蓋宋軍原承靖康不振之暮氣，經歷諸戰役終蛻褪殆盡，而恢復自信士氣，況且在此離亂中，接連平定招撫江淮盜賊、注入新血，使宋軍軍力更加堅強。

第三節　高宗南渡後的軍力

金人三次南侵，江淮受其蹂躪，民不聊生，盜賊蠭起，在外有強敵壓境，內復盜匪如毛的情況下，如何鞏固宋室江山實爲當務之急，於是乃有建炎四年五月，參知政事范宗尹的設藩之議。文獻通考卷六十二職官十六、鎭撫使：

舊所無有，中興假權宜以招收羣盜。初建炎四年范宗尹參知政事，議羣盜併力以拒官軍，莫若析地以處之，盜有所歸，則可漸制，乃請稍復藩鎭之制。是年五月宗尹爲右僕射，於是請以淮南、京東、西、湖南、北諸路竝立分爲鎭，除茶塩之利仍歸朝廷置官提擧外，他監司竝罷，上供財賦權三年，餘聽帥臣，移用更不從，朝廷應副軍興聽從便宜，時劇盜李成在舒蘄，桑仲在襄鄧，郭仲威在維揚，許慶在高郵，皆即以爲鎭撫使，其餘或以爲處歸朝之人，分畫不一，許以能捍禦外寇，顯立大功特與世襲，官屬有參議官，書寫機宜文字各一員，幹公事二員，竝聽奏辟，後諸鎭或以戰死、或降僞齊，久之但餘荊南解潛，及趙鼎爲相，召潛主管馬軍，遂罷弗置焉。

又朝野雜記甲集卷十一鎭撫使條：

鎭撫使，舊無有。建炎四年，上自海道還會稽，時江湖荊浙皆爲金人所蹂，而群盜連横以據州郡，大者至十餘萬，朝廷不能制。范覺民（宗尹）爲參知政事，謂此皆烏合之衆，急之則併死以拒官軍，莫若析地以處之，盜有所歸，則可以漸制。乃言於上，請稍復藩鎭之地，少與之地，而專付以權，擇人久任，以屏王室。

高宗乃下詔設鎭撫使，要錄卷三十三建炎四年五月甲子：

詔曰：「周建侯邦，四國有藩垣之助，唐分藩鎭，北邊無夷狄之虞，永惟涼渺之資，履此艱難之運，遠巡南國，久隔中原，蓋因豪傑之徒，各奠方隅之守，是用考古之制，權時之宜，斷自荊、淮，接於畿甸，豈獨植藩籬於江表，蓋將崇屬輸於京都，欲隆鎭撫之名，爲輟按廉之使，有民有社，得專制於境中，足食足兵，聽專征於閫外，若轉移其財用，與廢置其屬僚，理或應聞，事無待報，惟寵光之所被，既並享於終身，苟烈功之克彰，當永傳於後裔，尙賴連衡之力，共輸夾輔之忠

鎭撫使之設既是爲招撫江淮之土豪、盜賊，而自建炎四年至紹興五年先後設立這三十餘位鎭撫使（註二二），終因出身不同，份子複雜，除少數效忠宋室外，大多或彼此火拼而亡，

或投降僞齊，或爲政府軍收編。在這五年間，宋朝正規軍一面抵抗金兵的侵入，一面討平群盜，而逐漸發展爲能攻善戰之武力。而在討平羣盜的工作上，宋廷採剿撫並進手段，終將盜亂一一敉平，而劉光世、韓世忠、張俊、岳飛諸將之軍力也由招降盜匪過程中逐步擴展，各自形成鎮守一方之兵團，而南宋朝廷的兵力於焉形成。

有關南宋四將劉、韓、張、岳兵力之來源除了併收前鎮撫使諸盜寇的兵力外，另外招集流民、收編叛軍、潰卒、招納遼、金降兵，並經高宗將正規軍撥屬而形成（註二三），但其來源主要還是來自群盜。至於諸將的兵力擴張情形則可從下列事實得知，如韓世忠率兵前往濟州歸康王大元帥節制時，不過有兵千人而已（註二四），經平亂剿叛，收降羣盜，到建炎二年已有兵萬人（註二五）。後因金兵二度進攻南宋時，兵力頗有折損，再經收苗劉兵變之潰卒，益以他軍，至建炎四年與兀朮(宗弼)相持於黃天蕩時有軍亦不過八千（註二六），至平范汝爲亂事已有兵四萬，時爲紹興二年（註二七）。而紹興三年世忠進屯建康時，其兵力已增至五萬人。要錄卷六十八，紹興三年九月戊辰：

> 上謂輔臣曰：議者多言大將不宜益兵，漢高祖定天下，諸將兵至十數萬，未嘗以爲疑，故能成功。今劉光世、韓世忠兵纔各五萬，張俊不滿三萬，議者已患其多，此不知時宜也。

韓世忠有兵五萬人，而劉光世所擁兵數也相當，張俊兵則不滿三萬，然光世、俊初起時兵則不過是上千人而已。要錄卷二，建炎元年二月乙丑：

本路（鄜延）副總管威武軍承宣使劉光世將步騎三千援京師，至唐、鄧間，道梗不得進……會淵聖皇帝遣使臣……以和已定，止勤王兵……

又要錄卷四，建炎元年四月庚辰：

王發濟州。……晚次新興店。鄜延路馬步軍副總管劉光世引所部兵來會，王以光世爲五軍都提舉。

則光世先率兵勤王，未至，汴京失守，乃以所部赴康王帳下，被授爲五軍都提舉而逐步擴展形成軍力。至於張俊的軍力則是：

靖康元年……時上爲天下兵馬大元帥，檄諸道兵入援京師，公乃勤兵勤王，以十二月二十二日至北京見上，擢元帥府統制……（註二八）

而會編靖康二年二月六日丙寅：

大元帥府擺布勤王人馬……大元帥五軍，東平府駐劄，先鋒辛彥宗五千人，前軍祁超二千五百人，左軍張琼二千五百人，中軍張俊二千人，趙浚二千五百人……以楊惟忠都統制。……

則張俊由梁揚祖屬下被提擧爲高宗心腹，初只擁二千人之軍兵，繼而擴充成三萬人之實力。

至於岳飛的崛起，金佗粹編卷四：

（靖康元年）冬，高宗皇帝以天下兵馬大元帥，開封府河朔，至相州，先臣因劉浩得見。（註二九）

而宋史卷三百六十五，岳飛傳：

……相有劇賊陶俊、賈進和，飛……遣率擒俊及進和以歸。康王至相，飛因劉浩見，命招賊吉倩，倩以衆三百八十人降，補承信郎。

則岳飛初時所擁之兵力更是少於前三將，應只有數百人而已。而飛歷經多次戰役，至紹興二年已有軍二萬三千，中興小紀卷十二紹興二年二月戊子：

……今張浚（應爲俊）軍三萬……韓世忠軍四萬，岳飛軍二萬三千，王𤫩軍一萬三千……劉光世軍四萬……。

其後再經平虔吉諸盜及湖寇楊么後招收降將，則飛之兵力應有三萬之衆方是。

綜觀韓、劉、張、岳四將兵力已逾十六萬，而張俊既出身較岳飛爲早，又爲高宗所重用，則其兵力當在岳飛之上，應不止三萬而已。則四軍兵力當有十七、八萬，其於全宋軍二十萬之衆（註三〇）的比重之高，更不難想像南宋軍力與四大軍團之關係，宋廷既賴四將外禦金兵入侵，復倚其內平寇盜，鞏固疆土，而進而討擊僞齊，謀復中興，也無不以這四支武力爲基礎。至於以此四軍能否擊退金虜，收復中原，迎還徽、欽二帝，則須另詳加討論，非此處所宜評斷，然四鎭兵力爲南宋軍力所集，宋室政權賴以存活，穩定則爲不容置疑之事實。

【註釋】

註一　要錄卷一，建炎元年春正月辛卯條。另宋史卷二十四高宗本紀一，靖康元年十二月壬戌朔條。

註二　金佗粹編卷四，另史卷三百六十五岳飛傳。

註三　會編靖康元年十二月四日乙丑條。下載惟中山、慶源二府被圍，不得通。

註四　會編靖康元年十二月二十二日癸未條知信德府梁揚祖以兵至北京條「梁揚祖自將五軍，以武義大夫張俊，武翼郎苗傅、范實，武功郎祁超，從義郎蓋淵，統制一萬人，自信德府起發至北京。王循撫周至，徐問揚祖曰：『諸將誰最得力？』揚祖曰：『張俊最得力，金人數至信德府城下，俊出戰屢捷。』王擢俊爲元帥府統制。」則高宗待張俊實特優厚，初見即擢爲心腹，而其駕馭諸將之能力亦由此可見，無怪俊後日唯俯順盡力，不敢二心。

註五　另要錄卷一建炎元年春正月辛丑朔條。

註六　另會編靖康二年四月二十一日庚辰條「二十一日庚辰，大元帥行府發濟州……是日，鄜延帥臣張深、副總管劉光世，自陝州取小路徑赴大元帥府會合；光世躬執櫜鞬，望馬足遙拜，王命而前，問勞訖，差光世充兵馬大元帥都提舉五軍……」

註七　會編靖康元年十二月二十四日乙酉條「知洛州王麟以兵至北京。王麟自將一千人至元帥府，自稱母老無兼侍，又以疾謁告，乞還洛州，王語僚屬曰：『麟有異志耶？』卒許其歸，次麟所部兵撥隸副元帥宗澤。後聞麟歸銘，金人至，以城降，爲軍民所殺，並及其家。」則麟又回洛州。

註八　會編靖康元年十二月二十八日己丑條「知傅州孫振領兵二千至冠氏縣，知深州姚鵬領兵二千至館陶縣。孫振、姚鵬各具申，帥領軍民兵，迤邐前赴帥府。」

註九　會編靖康二年正月十一日辛丑條「右文殿修撰知冀州權邦彥自將本州人一千人號二千人前來聽候指揮。」另要錄卷一建炎元年春正月條。

註一〇　會編靖康二年正月二十四日甲寅條「武經大夫知濱州董誼，自將二千人到襲慶府，朝散大夫知棣州趙某，自將二千人，到東阿縣，大元帥命駐單州駐箚。」

註一一　要錄卷一建炎元年正月戊午條「濮州民兵首領王善以其兵千人隸帥府，王命進屯興仁。」

註一二　另要錄卷二建炎元年二月癸未條「是日，王次濟州，時元帥府官軍及群盜來歸者凡八萬人。自黃河以南，分地西屯。濟州凡九千五百人，以爲王之衛，隸都統制楊惟忠。開德府萬九千人，濮州七千人，以扼敵之在衛南、韋城，臨濮者，並隸副元帥宗澤。興仁府萬九千人，廣濟軍八千人，單州六千人，柏林鎭三千人，以拒敵之在考城者，並隸節制軍馬黃潛善。大凡官軍民兵六萬四千五百人。孔彥威、常謹、丁順三盜萬五千人，分屯六州，而向子諲在宿，何志同在許、趙野、范納在宋，趙子崧在陳，皆圍繞京都未得進。」

註一三　要錄卷四，建炎元年四月戊寅、庚辰條。

註一四　會編建炎三年六月二十八日乙亥條。

註一五　要錄卷三〇，建炎三年十二月己丑條「張滙進論……至建炎三年春，尼瑪哈犯揚州，時御營之師必有十萬……。」

註一六　此段軍力擴張，軍號更動，多參考石文濟文「南宋軍力的建立」不敢掠美，特此誌謝。

註一七　要錄卷一百一十八紹興八年二月壬戌「……岳飛乞增兵，上曰：『上流地分誠濶遠，寧與減地分，不可添兵，今日諸將之兵已患難於分合，末大必折，尾大不掉，古人所戒，今之事勢，雖未至此，然與其添與大將，不若別置數項軍馬，應幾緩急之際，易爲分合也……』」

註一八　要錄卷六〇紹興二年十一月己巳「尚書左僕射呂頤浩屢請因夏月擧兵北向，以復中原，且謂……令張浚（應稱俊）軍三萬，……韓世忠軍四萬，岳飛軍二萬三千，王𤫉軍一萬三千，……劉光世軍四萬……又神武中軍楊沂中，後軍巨師古，皆不下萬人，而御前忠銳，如崔增、姚端、張守忠等軍亦二萬……今有兵十六、七萬」另要錄卷七十一紹興三年十二月丙申「上因從容言及武備曰：『今養兵已二十萬有奇。』」而要錄卷八十七紹興五年三月癸卯「…呂頤浩上疏……劉光世、張俊、楊沂中、王𤫉下兵數約二十萬人，除輜重火頭外，戰士不下十五萬人……」。

註一九　要錄卷一百九紹興七年二月庚子「……岳飛以親兵赴行在，翌日……密奏請正建國公皇子之位……上諭曰：『卿言雖忠，然握重兵於外，此事非卿所當預也。』飛色落而退，參謀官薛弼繼進，上語之故，曰且：『飛意似不悅，卿自以意開諭之。』誠如高宗所言，握重兵於外，而干預皇室建儲，飛雖忠義，國君豈能無疑？後又有增兵之請，其賈禍也必然！

註二〇　同註十七。

註二一　宗澤敗軍事見會編靖康二年三月十二日壬寅條，蓋宗澤以戰車與金軍戰爲所敗。韓世忠敗軍事見宋史本傳建炎二年條另要錄卷十九建炎三年正月丙午條亦載。

註二二　有關此三十餘鎭撫使之出身、鎭撫區域、起止時間及下場，請參石文濟文「南宋初鎭撫使表」。

註二三　同前註文「四鎭兵力的來源」。

註二四　忠武王碑「……光堯壽聖憲天體道性仁誠德經武偉文太上皇帝（高宗）時以天下兵馬大元帥駐濟陽（濟州）、王（世忠）領所部勸進……王時所將近千人……」。

註二五　中興小紀卷三建炎二年三月乙酉朔「詔遣御營使司左翼軍統制韓世忠領統領官陳思恭及新招到張遇等一萬人赴西京。」

註二六　宋史卷三百六十四韓世忠傳「……是役也，兀朮兵號十萬，世忠僅八千餘人，帝凡六賜札，褒獎甚寵……」

註二七　同前註「（世忠）……亟領步卒三萬，水陸並進…五日城破，汝爲竄身自焚……」則世忠在未平亂時已有兵三萬，而平亂後，中興小紀卷十二，紹興二年二月戊子「

……呂頤浩……謂……今張浚（應爲俊）軍三萬……韓世忠軍四萬，岳飛軍二萬三千……」則世忠已又擴軍至四萬人矣。

註二八　張循王神道碑文。另會編靖康元年十二月二十二日丙寅條。

註二九　另宋史卷三百六十五岳飛傳。

註三〇　要錄卷七十一紹興三年十二月己酉「……上因從容語武備曰：『今養兵已二十萬有奇。』(常)同曰：『未聞二十萬兵而畏人者也。』」則紹興三年宋已有兵二十餘萬矣。另宋史卷一百九十三兵志「……南渡以來，兵籍之數：紹興十二年二十一萬四千五百餘人…」則至紹興和議時，宋軍兵額在二十萬員左右，並無太大增加。

第五章　北方金人實力之探討

女眞人於西元一一一四年（宋徽宗政和四年），在其首領完顏阿古打的號召下公開叛遼。以二千五百人之甲士在寧江州（今哈爾濱王家站附近的石頭城子）大破遼軍，繼而再捷於出河店（今吉林扶餘縣南），兵勢乃大振。次年阿骨打在吳乞買、撒改、宗翰等人的勸進下稱帝，建國號大金，改元收國，此爲金朝建國之始。

阿骨打即位後，是爲金太祖，繼續對遼發動戰爭，連戰皆捷，無役不克。黃龍府（今吉林農安縣）、護步答岡（今長春西南）、東京（今遼陽縣）、上京（今熱河林東縣）等遼地竟於短短六年內爲金所有。至一一二五年（宋徽宗宣和七年）滅遼爲止，十年之間以一新興之女眞民族終能併滅契丹帝國，誠如金史所言：

……原其成功之速，俗本鷙勁，人多沉雄，兄弟子姪，才皆良將，部落保伍，技皆銳兵。加之地狹產薄，無事苦耕，可給衣食，有事苦戰，可致俘獲，勞其筋骨，以能寒暑，徵發調遣，事同一家，是故將勇而志一，一旦奮起，變弱爲彊，以寡制衆，

用是道也……（註一）

而遼的衰弱應也是金人得以趁機而起主因之一，所謂：

遼……降臻天祚，既丁末運，又觖人望，崇信姦回，自椓國本，群下離心，金兵一集，內難失作廢立之謀，叛亡之迹相繼蠭起，馴致土崩瓦解不復支，良可哀也……（註二）

然金人既能於建國十年後滅遼，復旋不及踵，於兩年間又攻滅北宋朝廷，且派兵南下，數次追擊高宗，幾乎滅宋，其國力於短短十餘年間能有如此之擴展，其間又經太祖、太宗二朝之政治權力轉移而未稍減弱，除了太祖、太宗的領導能力外，而以阿骨打爲中心而形成的元老重臣集團，無疑是促成金朝勢力凝聚發揮的根本所在。（註三）

這批元老重臣集團則是金史卷七十習室傳所載衍慶宮功臣二十一人，加上如撻懶、宗雋等在政治上失敗被排斥功臣，及金史卷八十阿離補傳所載亞次功臣二十二人，則此集團應有四、五十人之多（註四），他們或爲謀主（如宗翰、希尹）、或爲戰將（如婁室、銀朮可、闍母）、或爲留守（如撒改、吳乞買、習不失），而以滅遼破宋戰功卓著之戰將居多。這批功臣集團的成員或來自阿骨打的家族（如習不失、阿離合懣、謾都訶、完顏杲、撒改、斡魯、闍母、蒲家奴、完顏昌（撻懶）、完顏勗、宗幹、宗翰、宗望、宗弼、宗雄、宗雋、宗磐、宗敏）、或爲宗室（如銀朮可、斡魯古、突合速、阿離補、拔離速、阿魯補、婆盧火、完顏杲 、或完顏部人（如歡都、希尹、婁室、石土門、完顏忠、習室、完顏仲、活女、斜卯阿里、烏延蒲盧渾）、除契丹人（有大臭、赤盞暉）、漢人（有劉彥宗、韓企先）僅各得其二，其餘皆出女眞部族（註五），而此等元老重臣對金初政治之影響也以女眞人爲重心，契丹、漢人之輩則或以戰功，或以智囊行政而爲重用，但並無重大決策權力則屬必然。

第一節　金初功臣集團對宋政策的影響

金初功臣集團中，對中央及地方政策最具影響力者，爲以宗翰爲首的山西將領集團與以宗磐爲首的華東將領集團，以及如宗幹等力維護中央權力的官僚貴族，此三股勢力的互動，形成中央的君主官僚與地方軍閥貴族對立，產生彼此勢力消長的衝突。而對宋政策的制定，改變也就由此等金朝中央與地方對立的情形下形成（註六）。

宋金有密切關係且肇成北宋淪亡者，當自「海上聯盟」始，而此由宋廷主動「約金攻遼，以收失土」的聯盟外交，卻因外交的疏忽與軍事的失利，不但未能達成收復燕雲失地之目的，反而耗費大量錢財物資，暴露宋室積弱內幕，後予金人侵凌之藉口，終使其生輕侮之心而釀

「靖康之禍」。（註七）而在宋金聯盟過程，金人對宋的態度，除了阿骨打外、宗翰、希尹、蒲家奴等人都可參與建議，會編政和八年閏九月二十七日丙子：

馬政等至女眞所居阿芝川淶流河……對以：願與貴朝共伐大遼……阿骨打與粘罕（宗翰）、阿忽、兀室（希尹）共議數日，遂質登州小校王美、劉亮等六人，發人同馬政來。

同書宣和元年十二月二十五日丁酉：

女眞遣呼延慶回。呼延慶既被留數見國主，執其前說，再三辯論，紛拏累日，而國主與粘罕（宗翰）、兀室（希尹）議論，復遣呼延慶歸……

同書宣和四年十一月一日丙辰朔：

阿骨打見趙良嗣，許燕京、薊、景、檀、涿、易六州二十四縣，每歲要依契丹銀絹，遣李靖持書來。

其引燕雲奏使錄曰：是日，阿骨打令趙良嗣與蒲結奴（即蒲家奴）議事云云，另又引茅齋自敍曰：既是阿骨打受國書御筆，次日，令皇叔蒲結奴相溫幷二太子斡離不者，就一氈帳中約說話，皆令人通譯云云。

同書宣和五年正月二十五日己卯：

趙良嗣至金人軍前議銀絹代稅定數。金人幷言課程除歲幣外，要增添一百萬貫，並以貨物充折，令回宣撫司申聞候報。

其引燕雲奉使錄曰此增添一百萬貫乃是希尹所勒取云云。則金大臣粘罕（宗翰）、希尹等人對朝政之影響可知，而阿骨打原許歸還雲中地予宋，逮阿骨打死，吳乞買立，雖欲如約還宋，竟因宗翰的反對而中止。其後宗翰、宗望俱請攻宋，太宗吳乞買納之，而決定北宋覆亡的命運。（註八）

北宋亡後，金人對所得中原漢地的政策乃是逐步蠶食政策。蓋以其一蕞爾小族，於短短兩年將領土由東北擴張至長江北岸，實非其短期間所能治理，則採間接統治，或利用漢奸統治降民，乃是基於客觀情勢而必採之策略，張邦昌僞楚傀儡政權的建立，實爲此等時空下必然之產物。而邦昌的被立即由宗望、宗翰、完顏昌諸將貴族所決定，並未經太宗同意，此政策之確立，實足以說明金人並無充分之準備與把握以治理中原，而後來劉豫僞齊的再立，也正適以說明金人心中之矛盾。試觀金史卷十八哀宗紀：

……金之初興，天下莫強焉。太祖、太宗威制中國，大概欲仿遼初故事，立楚立齊，委而去之，宋人不競，遂失故物……

金人既以遼太宗耶律德先立石敬瑭爲兒皇帝事，作爲其建立傀儡政權之理論根據，則顯然其並非無意中原漢地，只是鑑於遼太宗前車之轍，不欲「欲速則不達」弄巧成拙而已。要錄卷四建炎元年夏四月庚申朔：

……邦昌委范瓊交割城池，敵留檄書數百道，具言志在弔民，本非貪土，并述邦昌以死辭避不獲之意，使邦昌傳諭四方。……

其檄書具言「志在弔民，本非貪土」，卻廢宋帝另立張邦昌，並以其世輔王室，永作藩臣，則其視中原之地實爲其藩屬國土並無二致。故僞楚政權崩潰後，金廷再次用兵南宋，欲消滅之而後已，實因懼於南宋朝廷對中原漢地之號召力，而又暫時無力統治管理，故才又有劉豫僞齊政權的建立。

第二節　金元老重臣對南宋政策的爭論

金人對於得以攻滅北宋取得中原，實乃出其意料外，試觀其圍攻汴京時，城陷，宋宰相何㮚奉使金國軍前，宗翰先脅以洗城，繼而又言「古有南即有北，不可無也，今之所期，在割地而已。」（註九）後欽宗在青城奉降表於金人時，宗翰仍言「天生華夷，自有定分，中國豈吾所據，天人之心，未厭趙氏，使他日豪傑四期，中原亦非我有，但欲以大河爲界，內許宋朝用大金正朔。」（註一〇）又索河北河東守臣親屬質於軍中以待割地。（註一一）再參以前宗翰攻懷州時，面責范仲熊以宋廷拒割三鎭之地事（註一二），則金人初無意滅宋，然竟得如此，實乃宋廷君臣顢頇所致，誠如朝野僉言所載「何　初主議不割地，既而守城事敗，自謂宗社將危，後聞金人講話，反傾意信之，復從駕見二酋，割兩河地，申降於虜，可謂主辱臣死之時也。㮚歸都堂，曾無愧色，見執政，但喜講和而已。與作會，飲酒食肉，談笑終日，自古大臣，愚昧無恥，未有若此之甚者。」（註一三）而宋廷的戰者不決於戰，和者不一於和，至於城已破，禍已至，而議猶不一，心猶不決，致靖康禍起，中原變色。（註一四）而金人野心益加貪婪無饜。

張邦昌之立，既爲代金收拾中原殘局，其政權瓦解，自不爲金主戰派所願見。蓋自女眞興起，東征西討所向無敵，隨著領土的擴張，金朝將領如宗翰、宗望等對被征服地區，有著極大之權勢，即如在戰守政策上也有相當獨立的決策權，他們爲了維持在領地上的權利，當然不希望戰爭立刻停止。立僞楚只是權宜之計，實欲圖長遠統治著想，今所計畫者突遭破壞，主戰派不但外失征服所得之地，內也貽遭政敵攻擊之藉口，而康王構又即位於南京，正有出師之名，乃決定繼續用兵南宋，以維持其既得之利益。而金中央政府對於這些軍閥將領集團，一以他們戰功彪炳，且爲貴族，君臣界限不嚴，若留金廷，待之頗爲不易，再則其好戰野心已成習慣，一時不易消除，而此刻金中央仍未形成集權之局，故只有順著這些將領軍閥繼續對外征戰，一者逐漸加強中央集權政治，二者隨著戰爭的進展，成則擴張土地，敗則軍閥將領消滅，滅北宋是此一政策的延伸，（註一五）而追滅南宋又何嘗不是此政策的重現？（註一六）

金廷再次派宗弼（兀朮）率軍追擊南宋，高宗被迫遠走海上，然金軍終是孤軍深入，加以水土不服，兵馬疲困，乃撤軍北返，而此時宋軍已逐漸能戰，遂爲韓世忠扼於黃天蕩。此役宗弼雖得脫身，然金兵在南方似已遭到挫折，再也無法予取予求。（註一七）而宗弼北歸後，雖宗翰入朝議採徐文之策攻江南，卻爲其辭以江南卑溼、士馬困憊、糧儲未豐，不易成功之語。（註一八）後再從宗輔攻陝西，雖有富平之役敗張浚大軍，但隨即爲吳玠大敗於和尚原。（註一九）以宗弼念念不忘南侵滅宋之野心（註二〇），彼時竟有如此之看法，而戰役也非無役不克，則可見此時金軍士氣已不若初興時之盛銳，於是又採「以漢制漢」之策，再立劉豫僞齊政權。蓋當金廷議攻南宋時，金太宗即諭以「俟宋平，當援藩輔如張邦昌者」（註二一），此時金人既無力再進，而吳乞買以也不欲將土地讓予軍閥將領直接統治，同時此刻金朝內政發生問題（註二二），故將陝西、河南之地交由劉豫立國統治，並以齊軍爲馬前卒對付南宋。

第三節　金元老重臣間的政治鬥爭

金自太祖起兵，宗族屢立戰功而形成軍閥集團，即如在攻宋之時，已由宗望與宗翰形成兩大集團。會編卷二十四宣和七年十二月十日丁未條引金虜節要：

東路之軍，斡離不（宗望）主之，西路之軍，粘罕（宗翰）主之，虜人呼作東軍西軍。東路斡離不建樞密院於燕山，以劉彥宗主院事；西路粘罕建樞密院於雲中，以時立愛主院事，虜呼東朝廷西朝廷。

後宗望雖薨，但由撻懶承其兵權，形成華東集團與宗翰的山西集團相抗衡的局面（註二三）劉豫之立，亦是此二集團爭功鬥爭下之產物（註二四）。而宗翰不但保薦劉豫立為齊王，接著在金太宗天會十年與宗幹、希尹入言請立熙宗，而太宗竟「以宗翰等皆大臣，義不可奪，乃從之。」（註二五）宗翰此時之勢力已是如日中天，無人可及。然天會十二年金太宗薨，熙宗繼位，宗翰、希尹、高慶裔、蕭慶先後被架空虛位，解除兵權。會編紹興五年正月十三日丁巳金國主完顏亶立條引金虜節要：

亶立，置三省六部，改易官制……封左副元帥粘罕（宗翰）晉國王領三省事，除元

> 帥府右監軍兀室（希尹）尙書左丞相，粘罕兀室乃亶所忌者也故以相位易其兵柄耳。然二酋皆桀黠之魁，而亶遽能易其兵柄何哉？蓋二酋於（紹興）四年夏，自白水泊入見虜主吳乞買，値劉豫有寇江□（疑爲南）之請，閒居本土，故至是亶能徙而易之。加之二酋在燕雲則有衆，乞買雖欲易之，不可得也。……除山西路兵馬都部署，留守大同府尹高慶裔尙書左丞，除前河東南路兵馬都總管平陽府尹蕭慶尙書右丞。慶裔與慶皆粘罕之腹心，故置之於內，不欲用之於外。……（註二六）

宗翰及其黨兵權被罷，主和派的宗磐、撻懶（註二七）遂乘機攻擊，於是高慶裔以罪伏死，而宗翰也絕食縱飲而死。中興小紀卷二十一紹興七年四月丁未：

> 時金人以尼雅滿（宗翰）、悟室（希尹）爲相……左丞高慶裔者，尼雅滿之腹心也，皇伯領三省事宗磐欲挫尼雅滿，伺慶裔以贓敗下大理寺獄，具當斬，尼雅滿乞免官爲庶人以贖其罪，國王亶不從，遂斬於都市。臨刑尼雅滿哭，與之別，慶裔曰：「公早聽我言，豈至今日？我死公其善保之。」蓋慶裔嘗敎尼雅滿反也。（註二八）

另大金國志卷九，天會十五年春：

> 時山東路轉運使劉思、肅州防禦使李興麟，河東北路轉運使趙溫訊，坐慶裔下獄，思伏誅，興麟杖脊，除籍爲民，溫訊値改元赦得免，其餘連坐甚衆，皆粘罕（宗翰）

之爪牙粘罕自是失執（應爲勢）矣。

會編紹興七年八月五日乙未：

粘罕（宗翰）以病殂。引節要曰：粘罕以慶裔之故，絕食縱飲，恚悶而死，雖非挺刃所及，近乎非正命也。

宗翰既死，其所支持的劉豫僞政權也爲主和派所廢。蓋劉豫被宗翰所立，曾待主和派的撻懶不以禮，故撻懶銜之。會要紹興七年九月十八日丙午：

金人廢劉豫。引金虜節要曰：撻懶自宿遷北歸，路由東北，劉豫不知出迎，更遣人議于撻懶曰：「豫今爲帝矣，若相見無拜禮。」豫嘗拜撻懶，撻懶怒責之，盡卻豫贄獻之物，不與之見，大憾而去。

金主和派既得勢，即有「廢齊和宋」政策，故劉豫被廢不過逾月，金即遣回原先扣留之宋使王倫，並以歸還徽宗梓宮、韋太后、河南地爲條件與宋談和，雖宋廷大臣王庶、胡銓等及武將韓世忠、岳飛極力反對，終無力阻止紹興八年宋金和約。此和約之成立，除宋高宗採秦檜策一意主和外，金朝內爭中主戰派失勢，主和派得勢更是主因，蓋此時國際外交的主宰是金人而非南宋也。

第四節　宗弼的得勢與宋金關係之改變

紹興八年宋金和議既是金主和派的產物，並不爲金廷中央貴族大臣所贊同。金史卷七十七撻懶傳：

……撻懶朝京師，倡議以廢齊舊地與宋，熙宗命群臣議，會東京留守宗雋來朝，與撻懶合力，宗幹等爭之不能得。宗雋曰：「我以地與宋，宋必德我。」宗憲折之曰：「我俘宋人父兄，怨非一日，若復資以土地，是助讎也，何德之有？勿與便。」撻懶弟勗亦以爲不可。既退，撻懶責勗曰：「他人尚有從我者，汝乃異議乎？」勗曰：「苟利國家，豈敢私邪？」是時太宗長子宗磐爲宰相，位在宗幹上，撻懶、宗雋附之，竟執議以河南、陝西地與宋……

而主和派的宗磐、撻懶、宗雋雖得勢，但宗翰主戰派殘餘勢力如希尹、蕭慶並未完全被消滅，況且另一戰將宗弼也反對和議，於是宗弼、希尹再加上宗幹（註二九）聯合發動鬥爭，將宗磐主和集團誅滅。要錄卷一百二十九、紹興九年六月己亥：

同簽書樞密院事王倫自京城赴金國議事。初右副元帥瀋王宗弼既還祁州，密言於金主亶曰：「河南之地，本達賚（撻懶）、宗磐主謀割與南宋，二人必陰結彼國，今使已至汴京，未可令過界。」倫有雲中舊吏，隸宗弼帳下，密來謁倫，告以宗弼謀達賚，倫俱言於朝，乞早爲之備。……

大金國志卷十天眷二年（紹興九年）秋：

時主與右相陳王兀室（希尹）謀誅諸父，因朝旦伏兵于內，宗磐入見，擒送大理獄。

要錄卷一百三十，紹興九年七月己亥朔：

金主亶執其太師領三省事宋國王宗磐、太保領三省事兗國王宗雋、滕國王宗英、虞國王宗偉。先是郎君仲和什者謀反，下大理獄，事連宗磐等，會宗磐等以朔日入見，亶伏兵執之。辛巳，皆坐誅。……初，宗磐自以太宗晟長子，嘗與亶爭位，而在副元帥魯國王昌（撻懶）實穆宗揚噶長子，金主亶大父行也。尼瑪哈（粘罕）以憤悒死，宗戚大臣皆懼禍，故二人有逆謀。宗英、宗偉與宗磐同產，知其情，既被誅，悉除屬籍。右副元帥瀋王宗弼已平內難，遂馳至燕京，囚燕京留守彬王宗孟及其子稟，宗孟、宗磐弟也，宗弼又以金主之命徙左副元帥魯國王昌爲燕京行臺尚書左丞相，拜簽書行臺尚書省事杜充爲丞相。昌怒曰：「我開國元臣也，何罪而與降奴爲伍？」遂叛欲南歸，不克，北走沙漠，至儒州，望雲甸追獲之，下祁州元帥府獄。

……金主封太師領三省事秦國王宗秀爲梁宋國王，拜右副元帥瀋王宗弼爲都元帥封越國王，以尙書左丞相蕭慶爲右丞相，賜右丞相陳王希尹詔書不名，肩輿升殿。始宗弼之殺諸王也，希尹與其謀，希尹子明威將軍達勤達有智略，力兼百人，宗磐入見，達勤達自後執其手而殺之，故有是賜。……

宗磐等被誅，同年八月十一日撻懶也被誅死（註三〇），主戰的宗弼得權，盡反和議，囚王倫，並於紹興十年五月率軍大擧攻宋。宗弼此次南侵卻連遭敗績，六月爲劉錡敗於順昌，七月，岳飛有郾城之捷，次年二月，宗弼軍再爲張俊、楊沂中、劉錡敗於柘皐（註三一）。而此時宗翰餘黨希尹、蕭慶又爲宗弼乘機鬥爭陷害誅死。要錄卷一百三十七，紹興十年九月是月：

金主亶殺尙書右丞相陳王希尹、右丞相蕭慶。先是客星守陳，太史以告宇文虛中，虛中以告希尹，不以爲怪，及是坐誅。初希尹與慶在兵閒，皆晉國王宗維(翰)腹心，西都元帥越國王宗弼素出其下，至是宗弼得權，凡希尹所以致罪，則宗弼之爲也。（註三二）

會編紹興九年七月金人殺兀室（希尹）、蕭慶條（註三三）引松漠記聞：

……己未年五月，客星守魯，兀室占之，太師曰：「不在我分野，外方小裁無傷。」

至七月，魯、兗、宋、滕、虞諸王同日誅。庚申年，星守陳，太師以告，宇文語兀室，（兀室封為陳王）兀室不以怪，至九月初（註三四）……亦坐誅。

另會編此條又引神麓記：

……初，兀朮（宗弼）往祁州元帥府，朝辭既畢，衆官餞於燕都檀州門裏兀朮甲第，夜闌酒酣，皆各歸；惟兀室獨留，嗜酒，嚙兀朮首曰：「爾鼠輩，豈容我嚙哉？汝之軍馬，能有幾何？天下之兵，皆我兵也！」言語相及，兀朮佯醉如廁，急走告秦國王宗幹云：「兄援我！」秦國王與兀室從來膠漆，及謀誅魯宋之後，情轉相好，遂言語遮護之曰：「兀室實有酒，豈可信哉？」兀朮出，次早以辭皇后為名，泣告皇后如前。……后具以此語白東昏（即熙宗），使：阿魯追兀朮……回，兀朮密奏。帝曰：「朕欲誅老賊久矣，奈秦國王方使援之，至此自山後沿路險阻處，令朕居止，此奸善好處自作捺鉢，以我骨肉不附己者，必誣而去之，自認其腹心於要務之權，此奸詐之萌，惟尊叔自裁之！」是夜，詐稱有密詔，入兀室所居第宅，執而數之，賜死，同男卧魯南、撒瀛虛、哥濛鐵、哥滋四子遇害，右丞蕭慶并子男亦被誅。

金廷以宗翰為首的山西集團，及以宗磐為首的華東集團既被誅除殆盡，宗弼乃得尊權「希尹既死，黨連坐者數百人……金主亶遂進宗弼為太傅尚書左丞相兼中監察國史領行臺尚書省、都元帥如故」（註三五）。然侵宋既無功，乃又有紹興十一年的宋金二度議和，宗弼雖有心滅宋，然終無力，故宋金自此後彼此維持和平二十年，至金海陵帝南侵，和約始再被毀。

第五節　此時期金廷軍力與政局之透視

金自起兵以來，即所向無敵，於十年之間滅遼廷，逾兩年則取北宋、三鎮、兩河，一一皆成囊中之物。再爾入汴而宋二帝北狩，南攻而下揚州，進而渡長江天塹，迫高宗亡命海上，幾乎追及。在此十數年間，女眞民族以其「俗本鷙勁，人多沉雄」之民族習性，而兄弟子姪，才皆良將；部落保伍，技皆銳兵，加以「地狹產薄，無事苦耕，可給衣食；有事苦戰，可致俘獲」的客觀條件，再因阿骨打的組織領導才能，善於利用降附的軍隊，如契丹大將耶律余覩和渤海人郭藥師的長勝軍，以強大的騎兵縱橫中原，而予取予求。同時彼等又擅長模仿漢人的作戰技術，如使用及改良火藥等，故能於短暫時間內建立一個新的「征服王朝」（註三七）

然自建炎四年金軍在黃天蕩爲宋將韓世忠邀擊後，宗弼雖得北返，卻從此不敢再言渡江。

大金國志云：「兀朮（宗弼）自江南歸，每遇親識，必訴說遇危，自言已不能免。」而宋史韓世忠傳載兀朮（宗弼）與世忠相持於江上，每見宋人駕舟乘風使蓬，往來如飛，謂其部下：「南軍使船如使馬，奈何！」後其辭宗翰再議南伐宋的理由之一則是江南卑溼，則可見女眞騎兵在江南水道縱橫地區及不同氣候下已受到限制，加之長江天險阻隔，金雖有水軍，但終無力與南宋相抗，此可從黃天蕩之役、采石之役得知，故金軍騎兵已無力征服江南矣！

而更可注意的是，女眞人在長期征戰後，終年離鄉背井，人皆厭戰，其戰鬥力已轉弱。要錄卷四十三，紹興元年三月是春：

……始金人犯中原，有擄掠無戰鬥，計其從軍之費，及回日，所獲數倍，自立劉豫之後，南犯淮，西犯蜀，生還者少，而得不償失，人始患之。……

大金國志卷九，天會十五年（紹興七年）夏：

劉豫乞兵侵江，且言酈瓊全軍新降……且陳過江之自效，當以瓊爲鄉導，乘執（應爲勢）併力，乞兵南征。主以廢豫之議已定，陽許其行，且遣使乘傳至東京……大起諸路軍馬南征。起兵南征之令初下，人莫知其廢豫也。時有夜宿太原府祁縣女眞千戶斜也孛堇之營，見斜也將行，與其家下泣別，殺一豕以斜也之衣裹之，並作小弓箭挂豕身，而埋之於後營。家人祝之曰：「斜也已陣亡葬之矣。」此女眞怯戰之跡，如江南焚替代之類，于斯可見女眞厭兵之甚也。

要錄卷一百二十一，紹興八年七月戊子：

樞密副使王庶留身言：「臣前日在都堂與趙鼎等同見金使，再詢訪，得烏凌噶思謀，在宣政間嘗來東京，金人任以腹心，二聖北狩，盡出此賊，……臣於是日……口未嘗交一談……臣又竊聽其語，詭秘譎詐，無一可信。問其來，則曰王倫懇之，論其事則曰地不可求。且金人不遣使已數年矣，王倫何能邀其來乎？地不可求，聽我與汝。若無金主之意，思謀敢擅出此語乎？臣曉夜尋繹此語，彼必以用兵之久，人馬消耗，又老師宿將，死亡略盡，又故人互有覬望，故談此策以休我兵。候稍平定，必尋干戈，今若苟且目前以從其請，後來禍患有不可勝言者矣……」（註三八）

金人既厭戰，且戰力大減，而宋軍則歷經戰陣，由弱轉強，敵我情勢消長，故金宗弼大擧於紹興十年南侵時，先後在順昌、郾城及柘皐爲宋軍大敗後（註三九），不得不轉戰爲和，重議和約。

至如女眞之政治發展，乃是由氏族部落政治組織逐漸演變爲中央集權的酋長部落（註四〇）。在阿骨打、吳乞買時以招撫的手段吸收不少漢人、契丹人，如韓企先、劉彥宗等皆能爲其效用，制定典章官制，實行漢化。

由於女眞勢力的膨脹太快，故入主中原後仍模仿契丹建立兩元政治，大致上，東北和長城以北的地域構成女眞本部，是由中央政府直接統治，而長城以南包括燕地的地區是由另一個漢化的樞密院治理。但在實際上，在金初的政治上，宗翰和宗望兩位將領，在華北擁有絕對的軍事和行政權，而有東、西朝廷之稱。（註四一）。故兩元政治時代也可以說是華北由封建勢力統制的時代，金太宗無力控制這些軍閥功臣，由他們各自劃定了勢力範圍，甚至給予空名宣頭及銀牌，寄以方面，命其遷授不需奏請，以便宜行事（註四二）。不久又詔諭燕京官僚，事無大小必需報告軍帥，不必向朝廷上奏。（註四三）

金初諸將既擁有如此之權力，因此也是外交政策的決定者，如侵略北宋，擒獲徽欽二帝，並建立傀儡政權，這些大事都由他們自己決定。金太宗雖有意建立一強大的中央政府，努力實行漢化，但仍無力控制這些將領貴族，除了對宋和戰政策受這些將領集團的支配左右外，其帝位的傳承也受他們的影響，（註四四）可見其實力。

在此中央集權與地方分權的對抗過程中，由於效忠皇室以宗幹爲首的官僚集團堅持立場，終於一一將這些軍閥翦除。惟在熙宗時中央君權仍不振，「宗翰宗幹宗弼相繼秉政，帝臨朝端默」而已（註四五）。宗弼在山西、華東集團被消滅後，再掌朝政，他雖是個主戰派，但此時女眞戰力已削，宋廷日益精壯，再也無力併滅南方。同時在劉豫廢後，金朝接著天眷三年（紹興十年）以行臺尚書省取代樞密院，女眞人終於準備直接統制華北，金中央權力直接伸入華北，不但摒除軍閥封建的勢力，也剔除傀儡政權居於緩衝的地位，金宋直接對峙之局而締結和約，維持了近二十年的安定局面。

【註　釋】

註　一　金史卷四十四兵志。

註　二　遼史卷三十天祚皇帝四贊語。按遼之衰始於道宗，遼史卷二十六，道宗六贊語：「道宗初即位，求直言，訪治道，勸農興學，救菑恤患，粲然可觀，及夫謗訕之令既行，告訐之賞日重，群邪並興，讒巧競進，賊及骨肉，皇基寖危，衆正淪胥，諸部反側，甲兵之用無寧歲矣……」然天祚昏瞶，終至滅國，故引之。

註　三　王明蓀「金初的功臣集團及其對宋金關係的影響」（文收「宋遼金史論文稿」、明文書局版）

註　四　同前註。

註　五　以上功臣成員的分類參自註三王文「功臣集團的形成」部份。

註　六　參陶晉生「完顏昌與金初的對中央政策」一文，載於邊疆史研究集—宋金時期。商務版。

註　七　有關宋金海上聯盟，可參趙鐵寒「宋金海上之盟始末紀」大陸雜誌廿五卷、五、六、七期。徐玉虎「宋金海上聯盟的概觀」大陸雜誌十一卷十二期。另張天佑「宋金海上聯盟的研究」（文收「宋明史研究論集—宋明衰亡時期」，華世版）。

註　八　金史卷三太宗紀卷七十四宗翰傳。另要錄卷一。

註　九　會編靖康元年閏十一月二十六日丁巳條。

註一〇　同前書靖康元年十二月二日癸亥條。

註一一　同前書靖康元年十二月九日庚午條。「金人恐河北河東守臣未肯割地，乃取四十五處守臣親屬質於軍中，以待分割地界了日送還。」

註一二　同前書靖康元年十一月六日丁卯條引范仲熊北記，粘罕既責以三鎭，知懷州霍安國具狀申奏宋廷，既十八日回報不至，金軍乃攻陷懷州。

註一三　同前書靖康元年十二月三日甲子條。

註一四　有關宋君臣對金和戰政策的猶豫爭執，可參宋史紀事本末卷五十六「金人入寇」載之甚詳，茲不贅述。

註一五　張天佑「論金的敗盟與北宋的覆亡」文收宋明史研究論集—宋明衰亡時期。華世版。

註一六　金史卷七十四宗翰傳「……河北諸將欲罷陝西之兵，併力南伐，河東諸將不可……議久不決請于上，上曰：『康王構當窮其所往而追之，俟平宋當之藩輔如張邦昌者，陝右之地亦未可置而不取。』……」則太宗對諸將軍閥的擴張侵略是採取贊同的態度，而且是分散諸軍力量，使各自發展、對立。

註一七　參照金史卷七十七宗弼傳，宋史卷三百六十四韓世忠傳，則知此役戰況頗烈，宋史或有溢美之辭，然金史對世忠殊無輕視之詞，蓋宗弼僅渡江北還，並無追擊事。若以此役較其前過獨松嶺，口出狂言謂南宋無人，則其心情應自愧疚方是。（獨松嶺事參要錄卷三十一建炎三年十二月癸未條）

註一八　金史卷七十七劉豫傳。

註一九　同前卷七十七宗弼傳。

註二〇　同註十九。

註二一　金史卷七十四宗翰傳。

註二二　此時金太宗諳班勃極烈（即太子）杲薨，將領重臣如宗翰等皆欲干預朝政，一時並無心力注意南宋。（金史卷三太宗紀、卷七十四宗翰傳）

註二三　同註三。

註二四　宇文懋昭大金國志六太宗紀四「天會八年……雲中留守高慶裔獻議於粘罕曰：『吾舉兵，止欲取兩河，故汴京既得，而復立張邦昌，後以邦昌廢逐，故再有河南之役方今兩河州郡既下之後，而官制不易，風俗不改者，可見吾君意非貪土，亦欲循邦昌之故事也，元帥可首建此議，無以恩歸他人。』粘罕從之。於是令右監軍兀室，馳請於朝，國主從之。金帥自破山東，撻懶久居濱濰，劉豫以相近，奉之尤善，撻懶嘗有許豫僭逆之意。慶裔、粘罕心腹也，恐爲撻懶所先，遽建此議……高慶裔自河南歸至雲中，具陳諸州郡共載劉豫之意。九月九日，立劉豫於大名府，國號大齊。」

註二五　同註二十一。

註二六　大金國志卷九，天會十三年五月。

註二七　大金國志卷十，天眷二年夏條。

註二八　會編紹興七年八月五日乙未條。

註二九　金史卷七十三希尹傳。

註三〇　會編紹興九年八月十一日戊午條。

註三一　宋史卷二十九高宗紀六、卷三百六十六劉錡傳、卷三百六十五岳飛傳、卷三百六十七楊存中傳、卷三百六十九張俊傳。

註三三　會編此條置於紹興九年七月，有誤，經查考金史，要錄及據記聞本文，庚申年應是十年九月癸未方是，徐氏誤也。

註三四　會編引松漠記聞文，至此後夾耶律余覩叛事，殊爲可怪，蓋余覩叛乃天會十年事（紹興二年），今不取。

註三五　要錄卷一百三十七紹興十年九月是月條。

註三六　大金國志卷十二皇統七年冬條。另要錄卷一百五十四紹興十五年冬十月是月條。

註三七　陶晉生「女眞史論」食貨出版社。

註三八　另會編紹興八年六月王庶論不可講和條文幾同，略有數字異，然意同，惟徐氏置於六月，與要錄卷異，待考。

註三九　宋史卷三百六十五岳飛傳敍述飛北伐，自燕以南，金號令不行，兀朮欲簽軍以抗飛，河北無一人從者，金帥烏陵思謀亦不能制下，但諭之曰毋輕動，俟岳家軍來即降，金統制王鎭等皆率部降，金將軍韓常欲以五萬衆內附諸語則可證知金軍士氣之低況。

註四〇　同註三十七。

註四一　會編卷二十四宣利七年十二月十日丁未條。

註四二　金史卷三太宗紀。

註四三　同前註。

註四四　同前註。金史卷七十四宗翰傳。

註四五　金史卷六十三宗幹傳。

第六章　南宋朝廷實力與對金態度

第一節　南宋初建時之國勢

一、盜亂的形成與平定

靖康難後，二帝北狩，北宋滅亡，康王構被擁立於應天，是爲高宗，此爲南宋之開始。此時中原積北宋後期天災人禍，經濟破產之弊，再承金騎肆掠焚奪之禍，已是州縣殘破，民生凋敝，再隨著軍事失敗，遂有散兵潰卒相聚爲盜之局。而金人爲追擒高宗，滅絕宋祚，又於建炎元年至建炎四年，發動三次南侵，其所肆虐多在江淮流域，而江淮地區旣受破壞最大，所形成盜寇之禍也最嚴重。要錄卷七建炎元年七月壬寅：

侍御史胡舜陟充秘閣修撰知廬州……時淮西盜賊充斥，廬人震恐，日具舟楫爲南渡計，舜陟至，修治城池，建樓櫓戰棚……由是廬人始安。

宋史卷三百五十八李綱傳：

……綱……爲相……是時四方潰卒爲盜者十餘萬人，攻劫山東、淮南、襄漢之間……

而在建炎初撫戢羣盜最著功績者是爲宗澤。澤既任汴京留守，銳意收復，羣盜如王善、楊進、王再興、李貴、王大郎等皆受其招撫。（註一）惜宗澤薨，杜充繼爲東京留守，盡反澤所爲，大失民心，羣盜受招安者乃復散爲盜，再加上金人乘機南侵，江淮殘破寇氛猖熾，至紹興改元時，不但北起中原，南至淮甸，盜寇相連，即如東南諸地亦所不免。此等盜寇之力量，少者數百人，多者數十萬人，其中較悍者如山東有劉忠、淮甸有張用、中原有桑仲，而鍾相據鼎州爲亂，自稱楚王。至紹興改元，又有張琪、孔彥舟、李成、張榮等爲患東南。

南宋朝廷面對這些盜寇，則一面採范宗尹之議，設鎭撫使以安置，（註二）再由劉光世、韓世忠、張俊、岳飛諸將以剿撫並的手段一一加以收服。而紹興諸帥所採之策乃是「用羣盜而廢其長，張用、曹成、黃佐僅得且全，范汝爲、楊么皆從斬馘、李成、劉忠寧使之北降劉豫，而不加收錄。」（註三）自建炎初到紹興二年，這些盜寇在諸將的剿撫過程中被併入正規軍內。蓋根既拔者枝自靡，垢已滌者色以新，彼原寇賊，今爲官軍，「人皆吾人也，用唯吾用也，指臂相使之形成，以摶概有餘力矣。」（註四）如此不但盜亂平，而官軍益壯，四鎭兵力浸然形成，宋室內憂既除且增兵力，故能連敗劉豫，大挫宗弼，蔚成中興北伐之氣象。

二、南宋民生之實況

宋室南渡，民生之凋蔽，除盜賊剽掠與兵燹爲患外，又可自賦斂繁重，胥吏刻剝及官軍騷擾三方面論之。一則賦斂繁重，實因宋軍費之浩大，不僅須應付遼金夏外患，而剿撫國內飢民、潰卒所形成之盜賊更不容緩，軍隊不斷擴增，軍費則益龐，人民之賦斂必繁重，時官或換度牒，或鬻官爵，或預借和買，剝膚摧體，無所不至。而月椿錢之設病民尤甚，雖大臣屢議其弊，高宗終以軍費浩大，所須孔急，終紹興之世未能罷。蓋宋自南渡後，「大計所入，充軍須者十居八九」（註五），不得不然。

而掊克之政，雖源於軍費之龐浩，然實因戰亂版籍之散失，致使不肖胥吏得逞其箕斂之術。宋會要版籍篇紹興六年二月條：

> 臣僚言……州縣經兵火處，版籍殘缺，姦吏並緣爲私，所有無幾，不可鉤考。使戶口未實，賦役不均，財用莫知所出……

同書經界雜錄紹興十二年十一月兩湖轉運副使李椿年奏云：

> ……兵火之後，文籍散亡，戶口租稅，雖版曹尚無可稽考，況於州縣乎？豪民猾吏，因緣爲姦，機巧多端，情僞萬況，以有爲無，以強吞弱，有田者未必有稅，有稅者未必有田，富者日以兼併，貧者日以困弱。……

會編紹興九年二月吉州布衣周南仲上書論國計財用：

……祖宗以天下奉天下，猶且未足，今日以兩路疲民爲天下無窮之奉，則生財有路否乎？……今日天下既失其半，又四川財賦，不歸朝廷，計朝廷歲月用度千萬，皆取於東南，刻骨搥髓，民不聊生；養兵之外，更有奉使無益之費，不識國家何辨哉？……

同書紹興十二年八月十日王庶卒條，引其家集定傾論論虛實用度：

……今天下自經兵火，土地所存，十無三四，農人耕牧，十無二三，吳蜀屯兵，十有七八；因功被賞文武官資，數倍平日。以十有三四之土地，十有二三之耕牧，供十有六七之軍旅，數倍平日之官資，雖使天雨鬼輸，無有得足，一有凶歉，何以支持？以此治道，求爲中興，孟子所謂非徒無益，而又害之也。……

則南宋國計虛竭可知，民生凋蔽可想而見。

至如官軍之騷擾，當時軍隊無論在素質或戰鬥力，都較隋唐府兵相去甚遠，遇強悍外敵均多遭敗績，相率逃亡淪爲盜賊。要錄卷十二建炎二年春正月辛卯

……呂頤浩轉對，論官軍所至，爭取金帛之罪尤小，劫掠婦女之禍至深……昨鎮江城中婦女，有尙在軍中者……

會編建炎三年二月張澂疏：

……揚州行在，月給軍兵費，無慮百萬，以待戰守之用，一旦賊以輕騎徙境，並不措置迎戰。又江津渡濟不時，一旦潰卒千百爲羣，流毒東南，其害未已。……

會編紹興四年正月汪藻論高宗避兵海上潰卒爲害之列甚詳：

……張俊自明引軍至溫，道路雞犬，爲之一空。居民聞其來，逃奔山谷，數百里間，寂無人煙。韓世忠逗留秀州，放軍肆掠，浙西爲之騷然，至執縛縣宰以取錢糧，平江府自城而外，無不被害。……王瓊自信州入閩，所過州縣，邀索動以千計……今諸將聞敵人之來，則望風逃避，反汲汲內相攻殘以爲民害，車駕所過一路則一路罹其烖，所過一州一縣則一州一縣罹其烖。……

宋會要稿軍制篇紹興三年臣僚言：

……聞軍兵所屯之地，發掘墳墓，鞭尸暴骨，旁亙百里間，鮮有免者……又聞自來用兵，破敵之後，必以所得者首級多少定賞，其空手無獲與所獲之少者往往搜攝平人，借取其首，以充納級之數……

即如至紹興元年，驕兵悍將之爲民害，仍未稍戢，（註六）。可見當時百姓所遭受困擾之一斑。積此三弊，再益以盜寇、兵火，民生焉得不凋蔽？

三、宋廷財政之匱乏

南宋財用匱乏，其因乃由於民困、弊政、養兵及恩賞所致。民困之情況已如前述，而民困則國家財用不足，不足則掊斂之政生，加之管理不善，貪吏姦蠹，則失之益多，如此循環相續，致民生日蔽，國用益絀。

至於當時官吏之敝政可以紹興五年宋臣張絢論當時之國計民生：

……伏見朝廷數年以來，財賦寖虛，用度日廣。廟堂責之戶部，戶部責之漕臣，漕臣責之州，州責之縣，縣責之民而止。民力既困，膏血將竭，則如之何？……（註七）

要錄卷九十九紹興六年己巳李綱上疏：

……今降官告，結度牒、賣戶帖，理積欠，以至折帛博糴，預借和買，名雖不同，其取民則一……

朝廷爲充裕財源，只知徵收賦稅，而不知體恤民瘼，累增名目一意剝摧，無所不至，生民膏血無餘，不知何所出矣！

南宋兵費之浩，論者頗衆，今舉數例。要錄卷八十九紹興五年五月丙戌通判洪州李椿年奏云：

……及乎軍興，轉餉之資，賞賜之給，軍器之費，取之百端，用之百出，隨斂而散之，私家公帑皆不得其藏矣……

要錄卷九十六紹興五年十二月辛亥權戶部侍郎王俁上疏：

……兵革未息，屯戍方興，大計所入，充軍須者十居八九，此國用所以常乏……

要錄卷一百二十七紹興九年三月丁未殿中侍御史謝祖信言：

東南之財，盡於養兵，民既困窮，國亦虛弱，然此所費，止於養兵一事而已……

即如至紹興三十年高宗仍言「今天下財賦，十分之八，耗於養兵。」（註八）是前終紹興之世，兵費之支出，例佔南宋財用之大半。

養兵之外，其耗財尤甚者爲恩賞。要錄卷一百三十三紹興九年十一月庚寅右正言陳淵入對：

比年以來，恩惠太泛，賞給太厚。匪頒賜予之費太過，府庫空虛，而發之不已，財賦匱竭，而取之益詳……內有諸將之饋，外有鄰境之好，所用益衆，而所入實寡……

……

蓋高宗自奉甚儉，但對諸將之賞賜頗慷慨，以爲籠絡策略也。要錄卷五十三紹興二年閏四月戊午：

……劉光世特起復，光世始聞父延慶之喪，詔遣中使起復故官治軍事，光世乞持喪，不許，賜金帛甚厚。

要錄卷八十五紹興五年二月丙子：

岳飛自池州入朝，前一日，御筆賜岳飛銀帛二千匹兩。

而對諸將部屬之賞賜，亦時有之。宋史卷二十六高宗本紀三建炎四年九月丙寅：

給劉光世犒軍銀二萬兩、絹二萬匹。

宋會要禮六十二之五十八、紹興四年三月二十二日：

……張俊言擺拽本軍人馬于臨安候潮門外教場內閱習陣隊。詔令戶部支銀一萬兩、銀三萬貫，付張俊充教閱激賞。

南宋國計匱乏如此，故爲僞齊所輕而兵禍不戢。僞齊狀元羅誘上書劉豫論宋有六擊之便，其一爲「兵窮而財匱」，實非虛言。終紹興之世，南宋財用，常呈不足，雖有紹興十一年之議和，然休兵之後，情況並未有改善。（註九）

四、南宋之兵力

高宗南渡，州縣殘破，金兵所至，宋軍往往望風而潰，則此時金宋兵力強弱不俟甚明。南宋軍力發展，如前所述，高宗開元帥府相州時，兵不滿萬，其後進次濟州時已有軍八萬，至紹興三年底已增爲二十萬（註一〇）。而紹興十二年金宋議和時，宋軍仍爲二十餘萬（註一一），至紹興三十年始增爲三十一萬（註一二），雖與北宋規模仍相去甚遠，然亦不爲不多。

宋擁此軍額似有可爲，其實不然，今從會編、要錄、宋會要稿、宋史、金史等資料，可知南宋初兵力不振，其原因有七：一曰冗兵，二曰怯敵，三曰無馬，四曰訓練不素，五曰紀律不嚴，六曰濫於功賞，七曰將帥不協，有關此等史實，前賢論述頗詳（註一三），今不贅述。惟可注意者，以宋軍如此之積弊，何以竟得能後來連敗金軍，偏安江左呢？除了金兵的戰力減弱及內部鬥爭削弱實力外，宋軍實力也有所改變，其原因今分述於后：

一爲建炎三年張浚出撫川陝，以川陝兵牽制金人不得長驅直入。浚後雖有富平之敗，但任以吳玠兄弟，終保四川完固，金兵不敢順江而下直取東南，使宋廷減輕壓力。（註一四）

二則高宗任劉、韓、張、岳四將不疑，付方面之權，得專征之便，於紹興三、四年收平群盜後，戰力轉強。紹興四、六年金齊兩次侵宋，爲宋軍所敗，紹興八年王庶上疏對宋金戰力消長有如下之分析：

……究觀金國，侵軼已逾一紀，前此乘戰勝之勢，以至江、淮，而我未嘗有一日之捷。遠至紹興甲寅（紹興四年）冬，蓄僞深入，駐兵江南，陛下親征，至使奔潰而去，又丙辰（紹興六年）冬，敵人傾國南犯，陛下再統六帥，進於江淮之間，皇威

大振，蕃僞皆有所畏……（註一五）

張浚亦論「江上諸軍精強，非前日之比」（註一六）而金人也認爲南宋戰力已非昔比。中興小紀卷二十七紹興九年十月：

金人近歲用兵多不利，始知憚中國。時有遼軍萬戶韓常爲瓊州守，一日與其判官宮茵論南北兵戰之事，茵曰：「北非南之所能敵」，茵益都人，蓋諛之也。常曰：「不然，今昔事異，昔我強彼弱，今我怯彼勇，所幸南人未知北間事爾。」

即如金主戰最力之宗弼於臨死前，猶以「十數年後，南宋衰老，然後圖之」爲誡。大金國志卷十二皇統七年（紹興八十七年）冬：

都元帥兀朮薨。兀朮且死語其屬曰：「南宋軍勢強盛，宜益加議和，十數年後，南宋衰老，然圖之。」

則可知南宋軍自紹興四年後已具戰力，故能屢敗金軍迫其議和。

而最重要一點，應爲此時出現一批忠貞驍勇善戰之將領，其中最著者有防守長江上游之張浚、吳玠、吳璘，防守長江下游及淮南一帶的劉錡、韓世忠；及防守長江中游和襄陽一帶的岳飛等。彼等或於金人南侵之初，爲其虛勢所嚇喝，然皆能於敗績之後，神志漸清，獲致勝利，以韓世忠初遇金軍之怯懦，再較之後黃天蕩役以八千軍與宗弼十萬軍相持四十八日事，則知宋將之脫胎換骨爲國干城，卒能大敗金軍了。

第二節　宋廷對金之態度

一、高宗積極求和的態度

高宗自爲康王出使金營爲質時，即對金人存有恐懼之心，誠如所謂「爲質於虜廷，熏灼於慓悍兇疾之氣，俯身自顧，固非其敵」也（註一八）。逮即位後，金人南侵，高宗出亡海上，幾有被俘之虞，更加強其懼金心理。而其本身對宋廷武力自始並不信任，認爲並不足以與金相抗。要錄卷四十一紹興元年正月辛酉：

上曰：「朕塡在藩邸，入見淵聖皇帝，率用家人禮。一日，論及金人事，嘗奏曰：『京師甲士雖不少，然皆游惰羸弱，未嘗簡練，敵人若來，不敗即潰耳，陛下宜少避其鋒，以保萬全。』淵聖皇帝曰：『朕爲祖宗守宗廟社稷，勢不可動。』其後敵復犯京師，朕在相州，得淵聖親筆，謂悔不用卿言，是時近習小人，爭言用兵，熒惑聖聽，殊不量力，遂至今日之誤。」

故建炎元年初即位即遣使向金乞和，此後金宋交戰，而宋之和使仍絡繹於途。在紹興十二年前，宋廷至少派遣了十七次的和議使（註一九），可見高宗積極求和之態度。

除了對金的恐懼外，高宗求和動機實有若干不可告人者，其一爲預防徽欽二帝南歸。蓋高宗之得位純屬僥倖，其爲康王時留質金營，得幸被釋。靖康難後，宗室皆被俘，時再奉使於金，路經磁州，爲磁人所留，不得往，金破汴京，再得免於難，而僞楚張邦昌於金兵北歸後退位，乃得即帝位於應天。故其對被俘北去之徽欽二帝，尤其欽宗，始終不願見其南歸，以將危及其帝位也。今可以下列事件證明。

(子) 殺太學生陳東

要錄卷八建炎元年八月壬午：

斬太學生陳東撫州進士歐陽澈於都市。先是上聞東名（東已見正月辛卯）召赴行在。東至上疏言宰黃潛善、汪伯彥不可任，李綱不可去，且請上還汴，治兵親征迎請二帝，其言切直（趙甡之遺史云東疏中有云上不當卽大位，將來淵聖皇帝來歸，不知何以處，此案東書本不傳今且附此）章凡三上，潛善等憾……會澈亦上書極抵用事者……潛善乘是密啓誅澈併以及東皆坐誅……行路之人有爲之哭者，上甚悔之……

則高宗殺陳東，乃東觸其忌諱而藉黃潛善之名誅殺，甚至置祖宗不殺大臣之誓約而不顧。（註二〇）

(丑) 一月存誓言

朝野遺紀：

（紹興十一年）和議成，顯仁后（高宗母）將還，欽廟挽其輪而曰：「蹕之第與吾南歸，但得爲太一宮主足矣，他無望於九哥也。」后不能卻，爲之誓曰：「吾先歸，苟不迎，若有瞽吾目。」乃升車，既至，則是間所見大異。不久后失明，募醫療者，莫能奏效。有道士應募，中貴導之入宮，金鍼一撥，左翳脫然而復明。后大喜曰：「吾目久盲，得師重朗，更煩終始其右，報當不貲。」道士笑曰：「后以一目視足矣，以一目存誓可也。」后愓然起拜曰：「吾師聖人也，知吾之隱。」

此說雖嫌怪異，但流傳甚廣，亦足反映一般民意。而顯仁太后南返後「所見大異」，「遂不敢述淵聖車前之語」（註二一），此高宗忌欽宗南歸又一明證。他如建炎二年，坐視信王榛起兵五馬山寨，爲金兵圍攻而不救，致使信王被俘（註二二），乃藉金人之力，消滅對其帝位威脅者。除此之外，爲其即眞帝位尋找合法依據的例子，更層出不窮。王明清揮麈後錄卷二：

宣和中，燕諸王於禁中。高宗以困於酒，倦甚，小惕幄次。徽宗忽詢康王何往乎，左右告以故，徽宗幸其所視之，甫入即返，驚愕默然。內侍請于上，上云：「適揭康之次，但見金龍丈餘，蜿蜒榻上，不欲呼之，所以亟出。」歎息久之云：「此天命也。」由是異待焉。

張氏可書：

太史楊欽時見靖康改元，即密語人曰：「後十二箇月，康王立。」蓋靖字是從十二月立，又有康字也。後如其言。

會編建炎元年五月一日庚寅：

初上在相州也，閏月（靖康元年閏十一月）十四日夜，夢淵聖盡令解所服袍帶，而以自所服者賜之。望日，上語延喜、世則，群臣不敢對。先是太上皇帝將禪位，解所服緋衣玉帶賜淵聖。既上出使河北，淵聖又解以贐行。

其他諸如此類的傳說不少，或出高宗之口，或時人所記，不管其眞實性如何，然對高宗得位乃屬天意之說法則一致，則這些傳說的用意可想而知了。即是如此，高宗仍不時提防欽宗南歸威脅其帝位。所以紹興七年，金廢劉豫後，爲安撫中原百姓，曾揚言：「自今不用汝爲簽軍，不取汝免行錢，不取汝五釐錢，爲汝蔽殺貌事人，請汝舊主人少帝來此住坐。」（註二三）後一語雖爲安撫人心而言，然言者或無心，聽者卻有意，高宗豈能不在意乎？所以他亟亟在紹興八年急於求和了。要錄卷一百一十八紹興八年正月乙己：

趙鼎言：「士大夫多謂中原有可復之勢，宜便進兵，恐他時不免議論謂朝廷失此會。」乞詔諸大臣問計。上曰：「不須恤此，今日梓宮、太后、淵聖皇帝皆未還，不和則無可還之理。」

要錄卷一百二十紹興八年六月丙子：

……初行朝聞思謀（金使也）之來，物議大訩，羣臣登對，率以爲不可深信爲言，上意堅甚，往往峻拒之，或至震怒……

而高宗一意求和於金，除要消除金人立欽宗之威脅外，也同時要金承認其地位，作爲談判的對象。要錄卷一百二十一紹興八年七月戊戌：

王倫辭行，倫至都堂，稟所授使指二十餘事，一議和後禮數，趙鼎答以上登極既久，四見上帝，君臣之分已定，豈可更議禮數。二割地遠近，鼎答以大河爲界，乃淵聖舊約，非出今日，宜以舊河爲大河，若近者新河即清河，非大河也，二事最切，或不從，即此議當絕。倫受之而去。

而金在宗翰主戰派被摧折後，主和的宗磐、撻懶得勢，始有紹興八年之和議。和約既簽定，高宗地位被承認，欽宗的牽制作用也就喪失，南宋對其地位也就重新衡估。要錄卷一百二十七紹興九年夏四月癸亥：

御史中丞廖剛言：「今先帝已終，而朔望遙拜淵聖皇帝之禮如故，此盛德也。然有隆殺，方兄為君，則君事之。及己為君，則兄之而已。欲望勉抑聖心，自此寢罷。歲時自行家人禮於內庭可也……」事下禮部太常寺，侍郎吳表臣，馮檝、少卿周葵等請遇朔望日，皇帝用家人禮遙拜於禁中，群臣遙拜於北門外。從之。

高宗從即位初，對欽宗地位的猜防即無日無之，今在紹興八年的和約中，被金承認為正統君主，則和約中對金的屈辱已無關痛癢，蓋其帝位已牢固矣。

而高宗秉宋祖宗對武臣猜忌的傳統心理，也是其主和因素之一。自宋室南渡，內有盜寇，外有金兵，憂患重重，遂予武將壯大之機會。韓世忠、劉光世、張俊、岳飛四將不僅握有重兵軍權，並且財得專用、吏得專辟，取得財權、政權。此種情形，不但違背宋祖宗中央集權的基本國策，也對高宗形成威脅。我們可從本文第三章瞭解，南宋初，四將的兵力並不足觀，至紹興年間，卻發展成佔全國總兵力的絕大多數，（註二四）　高宗不好明說，但一些文臣已替他說出來。會編紹興二年十二月丁亥朔：

布衣吳伸上萬言書……臣竊觀自古帝王之興，兵權未嘗重假于人，如漢光武皆親御六師，獨有唐末藩鎮之權太重，故有朱全忠之禍，今陛下親御之衆，不如藩鎮之多也，臣竊憂之……

要錄卷九十九紹興六年三月己巳：

……李綱……上疏今朝廷與諸路之兵盡付諸將，外重內輕……

同書卷一百零三紹興六年七月是月：

監察御史劉長源應詔上書言當今之弊凡十有二事……三曰禁旅太弱……七曰將帥失馭
……藝祖平定天下，養兵止二十二萬，而京師十餘萬，皆明乎內重外輕，強幹弱枝之
勢也，今禁旅單寡，將領怯懦，卒有蕭牆之變，何以待之？……今諸大將，爵居師
保之尊，權規輔弼之重，擁強悍之兵以自衛，奪生靈之財以自豐，所欲賞者雖無功
人，得冒處而不疑，所當罰者，雖有罪，彼且保全而不問，大臣畏避而不敢斥，諫
官指陳而未嘗行……願陛下……徐以計銷其勢，使之由而不知，庶幾無肘腋之虞矣
……

當然，高宗對諸將勢力的增長也不是毫無戒懼，此可由其平日言行中得知。如高宗賜張
俊詔：

……惟卿忠勇，事朕累年，共嘗險艱，備著勞效，昨者提兵勤王，定計復辟，朕非
卿則倡議誰先，卿舍朕則前功俱棄，君臣之際，休戚是同……（註二六）

要錄卷一百零六紹興六年十月癸酉：

湖北京西宣撫副使岳飛奏依奉處分往江州屯駐。上曰：「淮西既無事，飛自不須更來。」趙鼎曰：「此有以見諸將知尊朝廷，凡所命令不敢不從。」上曰：「劉麟敗北，朕不足喜，而諸將知尊朝廷爲可喜也。」（註二七）

而高宗對於曾在他身前扈衛的大將張俊，不但時以優寵之外（註二八），並耳提面命要他讀郭子儀傳，方能身享厚福，子孫慶流無窮（註二九）。隨後更明白表示他對「賢將」與「才將」的區別，他說：「賢將與才將不同，賢將識君臣之義，知尊朝廷，不專於戰勝攻取，惟以安社稷爲事；至於才將，一意功名爵賞，專以戰勝攻取爲能，而未必識朝廷大體及社稷久遠利害，要須駕馭用之。」（註三〇）則高宗對諸將的要求，表面上看只是要他們效忠皇帝，忠於朝廷，使其帝位永保無虞，而心中所透露的正是他對諸將勢力的猜防。

因此，高宗從諸將勢力形成後，或藉「提升裨將以分大將之權」、「壓制四鎮武力再行擴張」及「加強中央三衙力量」等措施，將旁落的軍權收歸中央外（註三一），另藉著恩威並施的手段，使諸將感恩奮發俯首聽命。（註三二）

但事實上諸將的發展，不但軍力膨脹，威脅朝廷，他們在地方上也有官吏的任免、黜陟權，更把持專賣物品的經營、稅賦征收及貿遷往來，此等情形實與五代藩鎮割據相差無幾（註三三）而四鎮挾其外拒強敵，內敉巨盜之功，往往驕恣跋扈，目無朝廷（註三四），與宋室重文輕武集權中央的傳統相悖，不但爲文臣所忌，更不能見容於高宗的性格，況且再加前述高宗所經歷三次兵變（註三五），其豈能不怵然心驚？而要防止尾大不掉，劉宋代晉故事重演，釜底抽薪的辦法，那就是盡速與金談和，使諸將無藉口擁兵自重，如此不但高宗可收軍權於中央，武將的威脅也消弭於無形。（註三六）至於高宗主和的其他理由，如迎韋太后與徽宗梓宮及休兵息民等（註三七），筆者以爲此非其主和之初願也。蓋高宗主和始於建炎初，而前述資料皆出於紹興八年後，時宋金第一次和議已有眉目，高宗方道出諸語，則可見其政治作用大，而非眞出本心也。況且宋金議和二十年，人民稅賦並未減輕，所養兵額反多（註三八），則高宗欲議和以休兵息民乃一大諷刺耳！

二、宋廷文臣的爭執

南宋朝廷除高宗力主和議外，大臣中也不乏主和者，高宗即位初，其輔政大員黃潛善、汪伯彥等即是大臣中主和派的初期代表人物。其後汪、黃被罷，秦檜自金南歸宋廷，一反其前在靖康時義不戴金的立場，而大倡和議之論，成爲宋臣後期主和派的代表人物。有關秦檜南歸可疑之處及其與金朝的神秘關係，前賢引徵宋朝的文獻、筆記，已足以證明其乃爲金廷所縱歸，伏爲宋金議和的一著棋子矣。（註三九）

然宋臣中除秦檜主和外，餘皆主戰乎？非也，初期的汪、黃外，隨後的王倫、朱勝非（

註四〇），而洪皓出使金廷，以樂天畏天語悟室（希尹），勸以和議（註四一）。紹興五年五月，高宗遣何蘚等奉使金國通問，胡寅言國家與金世讎，無通使之義，張浚則謂使事兵家機權，後將歸地復土，終歸於和，未可遽絕，乃遣使行。則張浚未嘗不有意於和（註四二）。他如陳與義、馮檝、莫將之輩力主和議（註四三）自不足論之，然即是原先主戰最力的趙鼎，竟也轉而支持高宗和議（註四四），雖浚主和乃爲權變之計，然鼎之轉變未始不可做爲南宋某一部份廷臣的代表？

自宋室南渡以來，高宗即身處顚沛之境，逮紹興初始得喘息之機，此高宗親身經歷，宋廷朝臣亦歷經流離之苦也。然宋得穩住南方局勢，實因諸將之用，得內平羣盜，外禦金侮。惟諸將晉用專權已違宋祖宗重文輕武之策，再加上如劉光世輩，遇敵退怯，索民虐暴，文臣無不引以爲憂，紹興元年二月遂有汪藻上馭將三說（註四五）。藻書既傳，諸將皆忿，有令門下作論以詆文臣者，自此文武二塗若冰炭之不合矣。其後張浚、趙鼎雖力主恢復，但卻又對武將時時加以防範（註四六）。故宋廷文臣如張浚、趙鼎、胡銓、胡寅、張戒等後雖反對與金議和而被罷黜（註四七），但對恢復的寄託——武將並不期以太多希望。以主戰之文臣尚且陷於此等矛盾困境，那麼其餘對和戰並無可否的文臣，在南宋安定後對武將的驕橫，更痛惡不在話下。汪藻除前上疏馭將外，並已先於建炎四年初上書論諸將之跋扈無能，其言：

金人爲患今已五年，陛下以萬乘之尊，而倀然未知稅駕之所者，由將帥無人而御之未得其術也。如劉光世、韓世忠、張俊、王𤫉之徒，身爲大將……平時飛揚跋扈，不循朝廷法度，所至驅虜甚於外患，陛下不得而問，正以防秋之時，責其死力耳。張俊明州不能少抗，奈何敵未退數里間，而引兵先遁，是殺明州一城生靈……杜充守建康，……其措置非不善也，而世忠八九月間已播鎮江所儲之資，盡裝海船，焚其城郭，爲逃遁之計。洎杜充力戰於前，世忠 王𤫉卒不爲用，光世亦偃然坐視不出一兵，則朝廷失建康，敵犯兩浙，乘輿震驚者，韓世忠、王𤫉使之也，失豫章，大母播越，六宮流離者，劉光世使之也……而俊自明引軍至溫，道路一空，居民皆逃奔山谷，世忠逗遛秀州，放軍四掠，至執縛縣宰以取錢糧，雖陛下親御宸翰，召之三四而不來，元夕取民間子女張燈高會，君父在難而不恤也，𤫉自信入閩，所過邀索千計，公然移文曰無使枉害生靈，其意果安在哉？臣觀今日諸將用古法皆當誅……（註四八）

通考卷一百五十四兵考六也記載了胡寅對諸將不法情形的陳述：

……今之賞功，全陣轉授，未聞有以不用命被戮者。……自長行以上皆以眞官賞之，人挾券歷請厚俸，至於以官名隊。……煮海榷酤之人，遇車之所至，則奄而有之，闤闠什一之利，半爲軍人所取，至於衣糧，則曰仰於大農，器械則必取之武庫，賞設則盡出於縣官。……總兵者，以兵爲家，若不復肯捨者，曹操曰欲孤釋兵則不可也，無乃類此乎？自建炎以來，易置宰執，凡四十餘人矣，謀慮不臧，政事不善，雖台衛之重，股肱之親，一言去之，何獨將帥而不可進退以均勞佚之任，拔沈滯之材乎？此又臣所未曉也，……諸軍近者四五年，遠者八九年，未嘗落死損逃亡之數，豈皆不死乎？……自古制兵，必去冗食，存精銳……今諸軍則無所不有矣，避賦役。免門戶者往焉，納賄賂求官爵者往焉，有過咎不往仕者往焉，犯刑憲畏逮者往焉，違科學失士業者往焉，又有鄉黨故舊之人，百工手藝之人，方技術數之人，音樂俳戲之人，彼所以輻輳雲萃者，非有勢以庇之乎？非有利以聚之乎？不然人生各有業，何必軍之從，此又臣之所未曉也。

即如後來寧宗時代的理學大家葉適，對此時期四屯駐大兵也頗引以病：

……又論四屯駐大兵，……自靖康破壞，維揚倉卒，海道艱難，杭越草創天下，遠者命令不通，近者橫潰莫制，國家無威信以驅使強悍，而諸將自誇雄豪，劉光世、張俊、吳玠兄弟、韓世忠、岳飛，各以成軍雄視海內，其玩寇養尊無若劉光世，其任數避事無若張俊。當是時也，廩稍（疑爲糠）惟其所賦，功勳惟其所奏，將版之祿，多於兵卒之數，朝廷以轉運使主餽餉，隨意誅剝，無復顧惜，志意盛滿，仇疾互生，而上下同以爲患矣……其後秦檜慮不及遠，急於求和，以屈辱爲安者，蓋憂諸將之兵未易收，浸成疽贅，則非特北方不可取，而南方亦未易定也……（註四九）

以葉適的理學立場，對秦檜的爲收諸將兵權而屈辱求和，竟未痛予譴責，反而用「憂諸將之兵未易收，浸成疽贅，則非特北方不可取，而南方亦未易定」的字眼，加以諒解，則不難理解南宋諸將軍力的膨脹，已足以造成宋廷君臣的不安矣。我們可再引史料證明宋臣部份恢復派如趙鼎等人，由於對諸將跋扈的猜忌，終造成對金議和的態度轉變。要錄卷一百零四紹興六年八月乙丑：

……左宣教郎遂寧府府學教授程敦厚應詔上書，且獻所注經世十論曰：「畏天恤民，量敵覆實，正俗練兵，生財專任，廣聽審慮。」大略言敵勢方堅，吾寧未復於兩河，而不忍輕用於民力，願汰冗兵節浮費，又言：「宰相有如功之志，非社稷之福，願陛下加意審慮，寧拙而遲，無速而悔。」又上趙鼎書言：「今日之事，戰未必爲是，而和未必爲非，要不可令敵執其權，而反以制我。」鼎亟稱之。張浚曰故試而用未晚也。……

而紹興七年八月酈瓊叛降僞齊，九月高宗詢趙鼎以淮西事：

上問趙鼎防秋大計。鼎曰：「淮西雖空闕，當以壯根本爲先務。」又問：「去留如何？」鼎曰：「來已失之，遽去不可復耳，今國威少挫，惟勉強自振。」上以爲然，且曰：「初聞淮西之報，未嘗輒動，執政奏事皆皇懼失措，反求以安慰之。」鼎曰：「正須如此，見諸將尤須安靖，使之罔測，不然益增其驕蹇之心矣，仍以推制之事專責之二將，曰光世之兵，本不爲用，我之所賴，惟汝二人，彼必感陛下倚任之重，且不敢以朝廷爲弱也，前此大臣曾以此答否？」上曰：「彼皆倉皇無地措足，何暇及此？」（註五〇）

其後，趙鼎等雖與秦檜不合，反對議合而被罷，但鼎也爲高宗議以「己酉年（建炎三年）金人南騖之時，鼎爲臺臣，尙欲與金人畫江爲界」、「當時豈以議和爲非？」（註五一）則可見宋臣中的主和派雖表面上以秦檜爲首，而句龍如淵、樓炤、莫將、馮檝等少數無原則之輩爲附和者外，在反對和議的文臣中，當有部份如趙鼎對和戰態度並不堅定者（註五二）。蓋他們一方面爲義理所限，不願附和議（註五三），另一方面卻對武將的跋扈專橫深加忌防，因此對主戰並不是絕對的支持。何況一般文臣如汪藻、劉長源、季陵等，則較對軍人武力的膨脹引以爲憂，並對長期戰爭帶來的民生凋敝不斷呼籲，這兩種關切也正是前面反對和議的文臣早已注意到的，因此宋文臣對和議的反對呼聲，也就在這種內重於外的情勢下，變得表面上意氣昂然，但實際上卻心存顧忌，再加上彼此不和，而顯得空洞無力。

我們試以宋廷文臣主戰派代表李綱、張浚、王庶爲例，李綱與張浚即因政爭而彼此攻擊，而爲士人所譏訕（註五四），王庶雖未介入政爭，但他從未曾眞正爲高宗所重用（註五五）。他們對金主戰態度雖然一致，但對武將專橫的現象也一同主張加以抑裁。然李綱於靖康圍汴時有姚平仲之敗，其後又進三疏議募兵、買馬、募民出財以助兵費，爲宋齊愈所沮，終有齊愈之誅。後又有造兵車之議（註五六），而終不可行。逮淮西兵變，以張浚必敗，乃上奏浚措置失宜，又貽書浚痛詆其過失，並以副本傳示遠近，欲擠浚而鈎奇，且示於浚不厚也（註五七）。則其不知兵而心量狹窄，且圖迎奉趨勢，人品之不爲時人所値，亦不足以爲奇矣。（註五八）浚雖有復辟之功，但出撫川陝則先殺曲端，再有富平之敗，其回宋廷後又有酈瓊之叛，即如後來隆興議兵，也因用邵宏淵而遭敗績。雖擢吳玠、璘兄弟於行間，見劉琦奇之，付以事任，然其任事終嫌專斷自愎，與趙鼎不和，而終爲秦檜所乘。至如王庶，雖於紹興八年三月拜樞密副使，且奉命措置江淮邊防，但隨即於年底因反和被罷，此後即不再起，其影響更小。

相對於主戰之大臣，秦檜等主和派，一方面奉承高宗意旨，爲其驅使。另一方面則游移於張浚、趙鼎之際，伺機挑撥，製造嫌隙，使其不和。間以援引勾龍如淵輩，盡斥反對者如王庶、張浚、趙鼎、胡銓、胡寅等反對議和較力者，但他們也更狡猾地爲胡銓求情，製造溫和的形象（註五九），主和派終於在宋廷中取得發言權。

三、宋廷武臣對金態度及彼此不合

南宋武將中主張恢復的有宗澤、韓世忠、岳飛、及吳玠、吳璘兄弟等人。但宗澤由於去世得早（建炎二年），對於南宋朝廷政治的影響也就並不大。我們從前面的史實中（第三章）不難理解到他個人在高宗即位初就被摒棄於權力圈外，獨自堅守汴京上奏二十餘疏，力請高宗恢復的苦心所在。但此時宋室尚在風雨飄搖之際，南方武力也尚未建立，加上高宗並未適當地選任其繼任人選，造成北方諸盜的復去，中原的恢復終於完全落空，宗澤的呼籲遂成空谷足音。

而吳玠、吳璘兄弟雖崛起於川陝，然由於其地處僻遠，且其與金兵對峙，乃竭蜀民之力供輸，（註六〇）並無力再靖陝西。而玠晚年頜多嗜欲，使人漁色於成都，喜餌丹石，終致咯血而死。璘在代兄守蜀二十餘年後，臨終遺表高宗請毋輕出兵，（註六一）則吳氏兄弟終只能以守成局面，力保川蜀以牽制金人，對宋廷和戰並無有更積極之主張或影響。南宋諸將中主戰且在宋廷舉足輕重者，則只有韓世忠與岳飛二人。（註六二）

韓世忠與金人對抗最久，其反和也最力。中興小紀卷十七，紹興四年九月：

淮東宣撫使韓世忠，以遣使議和非便，欲進兵恢復。乙卯，上謂宰執曰：「世忠爲國之心甚切，可諭以二聖在遠，當遣使通問。」（註六三）可見其反對和議甚早，其後在紹興八年，宋金和議將成，世忠又多次上奏反對。要錄卷一百二十二紹興八年十月丁丑：

……金主亶復遣……蕭哲等爲江南詔諭使來計事。（韓）世忠聞之，上疏曰：「金人遣使前來，有詔諭之名，事勢頗大，深恐賊情繼發，重兵壓境，逼脅陛下。今當熟計，不可輕易許諾。其終不過舉兵決戰，但以兵勢最衆去處，臣請當之。」……（註六四）

同書卷一百二十三紹興八年十一月丁亥：

……是曰：韓世忠復言：「恐金人詔諭之後，遣使往來不絕，其如禮物以致供饋賜于，蠹耗國用，財計闕之，贍軍不給則經，所謂不戰而屈人之兵。望宣諭大臣委曲講議，貴在得中以全國體。」……

同書同卷，紹興八年十一月辛卯、壬辰、癸巳、甲午、辛丑世忠又接連上疏論與金議和之非，則可見其主戰態度之堅定。宋史卷三百六十四韓世忠傳：

……秦檜主和議，命世忠徙屯鎮江，世忠言金人詭詐，恐以計緩我師，乞留此軍蔽遮江淮，又力陳和議之非，願效死節，率先迎敵，若不勝，從之未晚。又言王倫、藍公佐交河南地界，乞令明具無反覆文狀爲後證，章十數上皆慷慨激切……金使蕭哲之來，以詔諭爲名，世忠聞之，凡四上疏，言不可許，願擧兵決戰……又言金人欲以劉豫相待，擧國士大夫盡爲陪臣，恐人心離散，士氣凋沮，且請馳驛面奏，不許。既而伏兵洪澤鎭，將殺金使，不克。……

則世忠不僅反對和談，更意欲劫持金使並乘虛襲擊金人，以破壞和談。

要錄卷一百二十五紹興九年正月己丑：

……張通古……與……韓肖胄先行，而……韓世忠伏兵洪澤鎭，詐令爲紅巾，俟通古過則劫之以壞和議。肖胄至揚州，世忠將郝抃密以告……胡紡，紡白之肖胄，故通古自眞和由淮西以西……（註六五）

同書卷一百三十一紹興九年八月丙寅：

……韓世忠言金人誅戮大臣，其國內憂，淮揚戍卒及屯田兵盡勾回。世忠意欲乘虛掩襲，上曰：「世忠武人不識大體，金人方通盟好，若乘亂幸災，異時何以使敵國守信義？」遂不從。（註六六）

即如後來宋金議和，世忠仍抵排和議，觸檜尤多，或勸止之，世忠答以「今畏禍苟同，他日瞑目，豈可受鐵杖於太祖殿下？」與檜同在政地，一揖之外，未嘗與談，則其戇直個性炯然可見。而岳飛遭陷構寃獄，擧朝無敢出一語者，世忠獨敢攖檜怒，責以「相公莫須有三字，何以服天下乎？」（註六七）其眞不愧一力主恢復之忠義將領矣！

岳飛爲另一力主恢復之大將，對和議亦自始至終極力反對。當紹興八年宋金和議進行時，飛即倡言反對。要錄卷一百一十九紹興八年五月丁未：

……岳飛聞（王）庶行邊，遺書曰：「今歲若不出師，當納節請間。」庶稱其壯節。

宋史卷三百六十五岳飛傳：

（紹興八年）金遣使將歸河南地，飛言金人不可信，和好不可恃，相臣謀國不臧，恐貽後世譏。

逮紹興九年和議成，飛仍力加反對。宋史卷三百六十五岳飛傳：

（紹興）九年，以復河南大赦，飛表謝寓和議不便之意，有唾手燕雲復讎報國之語。授開府儀同三司，飛力辭，謂今日之事，可危而不可安，可憂而不可賀，可訓兵飭士謹備不虞，而不可論功行賞，取笑敵人。三詔不受，帝溫言講諭，乃受。（註六八）

而在和議前，飛屢上疏論恢復之略。要錄卷一百零九紹興七年三年乙亥：

……時中原遺民有自汴京來者言，劉豫自猊麟敗後，意沮氣喪，其黨與皆攜貳……

朝廷因是遂謀北伐……飛乃見上，請由商虢取關陝，欲併統淮右之兵……

宋史卷三百六十五岳飛傳：

……（紹興）七年……飛數見帝，論恢復之略，又手疏言金人所以立劉豫於江南，蓋欲荼毒中原，以中國攻中國，粘罕因得休兵觀釁，臣欲陛下假臣月日，便則提兵趨京洛、據河陽、陝府、潼關，以號召五路叛將，叛將既還，遣王師前進，彼必棄汴而走河北、京畿、陝右可以盡復，然後分兵濬滑經略兩河，如此則劉豫我擒，金人可滅，社稷長久之計實在此舉。……

且飛於平日所題詩詞，每以立志洗雪國恥，誓滅金虜迎還二聖為念。有名的詞牌「滿江紅」已膾炙人口不必多述，而其題新淦伏魔寺壁：

膽氣堂堂貫斗牛，誓將直節報國仇，斬除元惡還車駕，不問登壇萬戶侯。

題翠巖寺：

秋風江上駐王師，暫向雲山躡翠微，忠義必期清塞水，功名直欲鎮邊圻。山林嘯聚何勞取，沙漠羣兇定破機，行復三關迎二聖，金酋席捲盡擒歸。

送紫巖張先生北伐：（註六九）

號令風霆迅，失聲動此陬，長驅渡河洛，直擣向燕幽。馬喋閼世血，旗梟可汗頭，歸來報明主，恢復舊神州。

岳飛既然念念以恢復爲計，自與韓世忠彼此倡和反對和議。而飛以武將干預朝政，請高宗早立皇子以正國本，已爲其所猜疑（註七〇）。其後又屢以增兵北伐爲言，不但秦檜、高宗忌之，張浚亦不以爲然。（註七一）其與張浚議不合，又擅自棄軍而廬墓，雖經李若虛曉以利害，再柄軍政，然高宗、秦檜已忌恨深矣。（註七二）而紹興十一年，飛奉詔援淮西，念前每勝復被召還，乃以乏糧爲辭，遲不赴援（註七三）。後朝廷將大舉，飛又按兵不動，高宗屢以親札促其行，始移軍三十里（註七四），再加上多次不奉詔令班師（註七五），高宗即令有心恢復，也必對飛之行爲大爲不滿，何況他所承續的乃是宋祖宗猜防的遺緒，所得的帝位乃是僥倖而來，軍人的叛變更教他灰頭土臉過，因此岳飛、韓世忠力主恢復的理想雖宏大，但集權中央「諸將知尊朝廷」更爲要緊，因此文臣主戰派在儒家忠君觀念與武將劃清界限（註七六），世忠被解兵柄，而飛更罹冤禍，其乃必然，其乃必然。

相對於韓世忠、岳飛主戰派將領，劉光世、張俊則爲沒什麼理想的武人，他們的主和，毋寧是苟和君主的意旨，圖己身之榮華富貴而已。劉光世出身將門之家，但自南渡後，即平時飛揚跋扈，不循法度，戰時驕惰不戰，臨陣退怯，早爲高宗及諸大臣所不滿，汪藻於建炎四年的上疏已有指陳（註七七），而其驕縱不法高宗更屢加申斥。中興小紀卷七建炎三年閏八月癸巳：

……劉光世……畏杜充嚴峻……乞不受節制。上怒曰：「豈容如此跋扈。」遂詔：

「充除相出自朕意，令盡護諸將，光世如尙敢違，當寘之法。」

宋史卷三百六十九劉光世傳：

紹興二年，復命移屯揚州……光世不奉詔……右司諫方孟卿劾之，乞詔宰執與議，

使之必往。光世猶以乏糧爲辭。（註七八）

要錄卷七十八紹興四年七月庚午

……光世時言池州入朝見上，言今軍中錢糧，旣已不乏，器甲又見足備，臣官職超

踰衆人，所願竭力報國，他日史官紀中興名將帥，書臣功第一。上曰：「卿不可徒

爲空言，當見之行事。」光世懼然受命而去（註七九）

光世其他不法，畏怯不用上命的事績，不一而足（註八〇），而戰力衰弱，軍紀腐敗，

終於紹興七年被罷軍柄。然也由於其馭軍無方，致生酈瓊之叛，使高宗對武人更加提防。而

觀光世之作爲，亦可知其志向所在矣！

至如另一武將張俊，雖不若劉光世之貪生怕死，但其嗜慾貪暴與光世毫無二致。而高宗

於諸將中眷其特厚，故警敕之諭不絕，除敎其讀郭子儀傳外（註八一），更召入禁中，戒以

毋與民爭利，毋興土木。要錄卷一百十八紹興八年二月壬戌：

……上詔……張俊至宮中從容與論邊事……諭之曰：「……朕更有一二事戒卿，朕來日東去，卿在此，無與民爭利，勿興土木之功。」俊悚息承命……（註八二）

而事實上，俊的抗拒朝命，不循法度虐暴黎民並不稍遜光世，除了建炎四年初的明州肆虐百姓外（註八三）更抗命不肯移軍。要錄卷一百十四紹興七年九月辛巳：

權禮部侍郎陳公輔言：「張俊一軍，久在盱眙，今令過淮西，而老小不欲，遂養之於行在。議者謂俊兵祇欲住此，緩急恐難遣，可否任其自揮，何姑息之甚耶！」

至於俊置產，乞免科配（註八四），乞免其家歲輸和買絹（註八五），恃功自驕，要求特權，更遠過光世。然俊御軍雖輕狎，本身尚富勇識，故仍頗有戰功可稱，唯其嗜慾既深，自不能剛強主戰，而終向秦檜、高宗靠攏。

四將既不能和衷同心主戰，而彼此之間又各有嫌忌，自立門戶，互爭長短，相嫉如仇，致使南宋抗金力量因此抵銷。（註八六）雖韓世忠、岳飛之關係得以和好，然諸將既不同心，且多驕縱不法（註八七）。北伐恢復既困難重重，諸將復各擁重兵，寖久勢成尾大不掉之局，不但高宗明白，諸文臣更一再論及（註八八），如今金人戰力減弱，無力併吞南宋，有意和談，南宋朝廷也就在高宗的私心，文武臣的矛盾不和，及民生財計困敝的情形下，而不得不屈辱接受和談，維持南北對峙的局面，而將恢復故土的理想置於不顧。

【註　釋】

註　一　宋史卷三百六十宗澤傳。

註　二　有關鎭撫使設立，請參第四章第三節。

註　三　王夫之宋論卷十高宗

註　四　同前註。

註　五　要錄卷九十六引王俣言

註　六　要錄卷九十九紹興六年三月己巳「……是日李綱入辭退上疏言……議者欲因糧於敵，而不知官軍抄掠甚於寇盜，恐失民心……」

註　七　要錄卷八十六紹興五年閏二月乙酉條。

註　八　要錄卷一百八十七紹興三十年十二月戊申條

註　九　要錄卷一百九十二紹興三十一年八月甲辰左朝請郎馮時行上疏：「……財用在今日最爲難事，宜省官吏，減州郡冗卒，陛下痛自撙節，蠲損切身之奉，以養戰士……」

註一〇　要錄卷七十一紹興三年十二月己酉條。

註一一　宋史卷一百九十三兵志。

註一二　同前註。

註一三　林瑞翰「紹興十二年以前南宋國情之研究」載大陸雜誌第十一卷第七期。

註一四　有關張浚出撫川陜事，請參第三章第二節。

註一五　要錄卷一百二十紹興五年九月壬申條。

註一六　中興小紀卷十九紹興五年九月壬申條。

註一七　有關諸將功績請各參宋史本傳。

註一八　宋論卷十。

註一九　金毓黻「宋遼金史」第七章第七頁。

註二〇　宋自太祖得位，即立誓不殺大臣及言事官，並藏之太廟。徽宗北俘，猶遣使告諭此事（事見要錄建炎元年夏四月丁亥條），可見其重視此誓約。

註二一　通鑑後編卷一百一十五，紹興十二年八月壬午條

註二二　陶晉生「南宋初信王榛抗金始末」載文化復興月刊三卷七期

註二三　要錄卷一百一十七紹興七年十一月丁未。另會編紹興七年十一月十八日丙午條所引與要錄同。

註二四　有關四鎭的形成可參石文濟第一章第二節「南宋的建立與四鎭的形成」。

註二五　要錄卷一百一十八紹興八年二月壬戌「上曰：『今日諸將之兵，已患難於分合，末大必折，尾大不掉，古人所戒。今之事勢，雖未至此，然與其添與大將，不若別置數項軍馬，庶幾緩急之際，易爲分合也。』」又熊克中興小紀卷二十四，紹興八年五月戊子監察御史張戒入對，言諸將權太重，高宗答以撫循偏裨，意與前條同。

註二六　張守毘陵集卷九，賜浙東制置使張俊詔。

註二七　另中興小紀卷二十，紹興六年癸丑條。另宋史卷三百六十五岳飛傳紹興六年條。

註二八　宋史卷三百六十九張俊傳。

註二九　要錄卷一百三十九紹興十一年正月庚戌「淮西宣撫使張俊入見，上問曾讀郭子儀傳否，俊對以未曉，上諭云：『子儀方時多虞，雖總重兵處外，而心專朝廷，或有詔至，即日就道，無纖介顧望，故身享厚福，子孫慶流無窮，今卿所管兵乃朝廷兵也，若知朝廷如子儀，則非特身饗福，子孫昌盛亦如之，若恃兵權之重，而輕視朝廷，有命不即禀，非特子孫不饗福，身亦有不測之禍，卿宜戒之。」』另宋史張俊本傳雖有高宗戒讀郭子儀傳事，然未繫年月。

註三〇　中興小紀卷二十九紹興十一年三月庚子條。

註三一　有關上列措施詳情請參石文濟文第五章第一節一之㈠軍事上的衝突。

註三二　參同前文第四章第二節。

註三三　同註三一，一之㈡行政上的衝突㈢財政上的衝突

註三四　四鎮跋扈請參同註三十，第一節之二「四鎮的驕橫」

註三五　請參第二章。

註三六　筆者認爲高宗欲除去四鎮威脅，應早蓄存諸於內心而未彰。蓋諸將專權實扞違宋祖宗集權中央政策也，然南渡初須藉重其力以禦外侮平內亂，不得不然耳。而向金乞和，乃高宗素志，今既得拒欽宗於北漠，復可遂收諸將兵權之志，此一舉數得之策，彼豈不亟於措行？故謀和與廢將應是高宗一著一石二鳥的高招，但先有謀和方可廢將，絕非先廢將後謀和，蓋高宗工於心計，不會不明白以戰求和的道理，此因果關係不可不明也。

註三七　請參石文濟文第五章第一節四「宋金和議的影響」

註三八　要錄卷一百九十二紹興三十一年八月甲辰左朝請郎馮時行上疏云：「……財用在今日最爲難事，宜者官吏……共濟艱難」則可見自紹興十一年議和後二十年，南宋財政並未好轉。再觀同書紹興三十年十二月高宗語：「今天下財賦，十分之八，耗於

養兵。」（卷一百八十七）及宋史卷一百九十三兵志引開禧元年參知政事蔣希言「南渡以來，兵藉之數：紹興十二年二十一萬四千五百餘人，二十三年二十五萬四千五百四十人；三十年三十一萬八千一百三十八人。」則可證宋金和議後，高宗雖多次蠲減民賦（事載高宗本紀），但兵額不減反增，民困終未蘇也。

註三九　請參李安「岳飛史績考」另石文濟文第五章第一節四「宋金和議的影響」

註四〇　參宋史卷三百七十一王倫傳、卷三百六十二朱勝非傳。

註四一　趙翼廿二史劄記卷二十六和議條。另宋史卷三百七十三洪皓傳。

註四二　宋史卷二十八高宗紀五紹興五年五月辛巳條。

註四三　陳與義事參廿二史劄記和議條，另要錄卷一百十八紹興八年正月乙巳條。馮檝、莫將事見要錄卷一百二十四紹興八年十二月乙卯、甲子條。

註四四　趙鼎主和事見要錄卷一百二十紹興八年六月丙子「……初行朝聞諜之來，物議大詾，羣臣登對，率以爲不可深信爲言。上意堅甚，往往峻拒之，或至震怒。趙鼎因請問密啓上曰：『陛下與金人有不共戴天之讐，今乃屈體請和，誠非美事……陛下宜好謂之曰講和誠非美事，以梓宮及母兄之故不得已爲之，議者不過以敵人不可深信，但得梓宮及母兄，今日還闕，明日渝盟，所得多矣，意不在講和也，羣臣以陛下孝誠如此，必能相諒。』上以爲然，羣議遂息。」鼎此等首鼠兩端，遂爲王庶所譏。

註四五　要錄卷四十二紹興元年二月癸巳條。

註四六　張浚對諸將之防可見宋史高宗紀紹興七年四月庚戌奏陳岳飛積慮專在併兵，奏牘求去，意在要君。趙鼎對諸將之防，可見宋史趙鼎傳，鼎見高宗論淮西兵變（酈瓊之叛），以見諸將尤須靜以待之，不然益增其驕蹇之心。（要錄卷一百十四紹興七年九月丙子條亦載此事）

註四七　有關紹興十一年宋金議和，宋廷因反議和被罷文臣，據會編紹興三十一年正月十四日丁亥條引湖山樵夫紹興正論，計有張浚、趙鼎等二十九人外，（李光主和亦列其中不計）另外劉大中、張九成、凌景夏、廖剛、劉子羽等十人（參要錄及宋史高宗本紀）亦坐反和議被罷，此三十九人皆爲文臣反和議被罷者。

註四八　要錄卷三十一建炎四年正月庚午條另通考卷一百五十四兵考六。

註四九　通考卷一百五十四考六。

註五〇　要錄卷一百十四紹興七年九月丁丑條。

註五一　要錄卷一百二十四紹興八年十二月癸亥條。

註五二　趙翼廿二史箚記卷二十六和議「……自胡銓一疏，以屈己求和爲大辱，其議論既剴切動人，其文字又憤激作氣，天下之談義理者，遂羣相附和，萬口一詞，牢不可破矣……」今按胡銓上疏反對議和乃在紹興八年十一月丁未日（見要錄卷一百二十三紹興八年十一月丁未條，另會編紹興八年十一月二十四日丁未條同），銓書既上，市井喧騰數日不定，可見其文字激動人心之一般，宋士大夫好持義理，自以此爲圭臬。

註五三　如呂本中本反和議，被罷。後隆興又議恢復，呂本中卻言：「大抵獻言之人，與朝廷利害，絕不相關，言不酬，事不濟，則脫身去耳，朝廷之事，誰任其咎？」（趙翼廿二史劄記卷二十六和議條）態度作一百八十度轉變。而要錄卷一百二十二紹興八年九月乙巳條「上諭大臣曰『近張戒有章疏，論邊備當以和爲表，以備爲裏，以戰爲不得已，此極至之論也。』……」則張戒亦非力主戰者。

註五四　朱勝非秀水閒居錄載李綱、張浚、趙鼎三人之政治恩怨及彼此傾軋事，其末引「勢利之交，其三相之謂歟？」語雖尖酸刻薄，但足以見宋文臣之勾心鬬角矣。

註五五　庶雖曾任樞密副使，但隨即因反和議遭罷，始終未進入權力核心也。

註五六　宋史卷三百五十八、九李綱傳。

註五七　同註五十四，綱責浚書見要錄卷一百十四紹興七年九月辛未條。其書詞語酸刻，朱勝非之評不爲過也。

註五八　綱被黜之江西，課民修城，尤無廉聲。居福州，則交驩張浚。浚被召，贐行一百二十盒，盒以朱漆銀縷，粧飾樣致如一，皆其宅庫所有，其私藏過於國帑，則可見其奢華及趨炎附勢（引要錄、宋人軼事彙編）

註五九　銓遭竄斥，秦檜、孫近、勾龍如淵、李誼、鄭剛中皆共解救之。事見要錄卷一百二十三紹興八年十一月壬子條。

註六〇　四川財用因供養兵而困匱情形可見要錄卷一百零四紹興六年八月癸卯趙開條陳及要錄卷一百十一紹興七年五月壬午李迨奏議，紹興七年六月壬子趙子璓入對。「今無復理財之術爾……民力之已殫，應泛濫不及之費，當自有以蠲減。」正是川民生計最好之寫照。

註六一　宋史卷三百六十六吳玠、吳璘傳。

註六二　或謂劉錡可列其中，然考錡傳，其擢陞乃因順昌之捷，隨即為張浚等所沮，未再有建樹，謂之名將則可，謂其能抗言力主恢復，似未有也。

註六三　另要錄卷八十，紹興四年九月甲寅條。

註六四　另宋史卷二十九高宗本紀六紹興八年十月丁丑條。

註六五　另中興小紀卷二十五紹興八年十二月條。會編紹興九年正月五日丙戌條。

註六六　另中興小紀卷二十七紹興九年七月條。

註六七　宋史卷三百六十四韓世忠傳。要錄卷一百四十三紹興十一年十二月癸巳條。

註六八　另要錄卷一百二十五紹興九年正月壬辰條。

註六九　此首詩爲贈張浚所作，紫巖爲浚別號，浚曾視師江上，故云北伐。

註七〇　要錄卷一百零九紹興七年二月庚子條。「……（岳）飛密奏請正建國公皇子之位……上諭曰：『卿言雖忠，然握重兵於外，此事非卿所當與也。』……薛弼繼進，上語之故，且曰：『飛意似不悅，卿自以意開諭之。』」則實際上猜忌不悅者乃高宗本人，竟以數語開脫，轉爲明君之面孔矣。

註七一　飛乞高宗增兵事見要錄卷一百零九紹興七年三月乙亥條，卷一百十八紹興八年元月壬戌條。其爲秦檜、張浚所忌事見宋史卷二十八高宗本紀五紹興七年三月癸酉條、四月庚戌條。

註七二　飛與張浚不合，棄軍廬墓及再典軍事見要錄卷一百十紹興七年四月丁未條、卷一百十二紹興七年七月丁卯條。

註七三　中興小紀卷二十九，紹興十一年三月條。

註七四　要錄卷一百三十九紹興十一年三月庚戌條。另中興小紀卷二十九紹興十一年四月條。

註七五　要錄卷一百三十六紹興十年六月乙丑「……（李）若虛見飛於德安府，諭以面得上旨，兵不可輕動，宜且班師，飛不聽。若虛曰：『事既爾，勢不可還，矯詔之罪，若虛當任之。』飛許諾，遂進兵。」另同書卷一百四十紹興十一年四月辛卯「……（范）同獻計於秦檜，請皆除樞府而罷其兵權……乃密奏於上，以柘皋之捷，召韓世忠、張俊、岳飛並赴行在，論功行賞。時世忠、俊已至，而飛獨後，檜與……王次翁憂之，謀以明日率三大將置酒湖上……益令堂厨豐其燕具，如此展期以待至六七日，及是，飛乃至……」則飛忤高宗意久矣。

註七六　劉子健「岳飛—從史學史和思想史來看—」載宋史研究集第六輯。

註七七　同註四十八。

註七八　另要錄卷五十七紹興二年八月甲辰條。

註七九　另中興小紀卷十六紹興四年七月是月條。

註八〇　光世畏沮退却事可參宋史卷三百六十九本傳另要錄亦載之甚詳，今不贅舉。

註八一　同註二十九。

註八二　另要錄卷一百十七紹興七年十一月甲午載先前殿中御史金安節已奏俊興土木之工以廣邸第，請予申儆，而是日俊入見，高宗並未以此斥之，只曉以其陞擢乃其所賜，使俊知戒，其後伺機再予警敕，高宗馭將城府之深可見。

註八三　同註二十九

註八四　要錄卷七十八紹興四年七月庚申條。

註八五　要錄卷一百三十五紹興十年四月乙丑條。

註八六　有關四將間不和詳情請參石文濟文第四章第一節「四鎮間的關係」。而劉錡與楊沂中或曲端與李彥仙、吳玠間不和之史料，散見宋史各傳，此可見宋諸將之互爲犄牾無力北伐恢復矣。

註八七　有關韓世忠之驕縱不法，史料不少，因無關其主戰立場，今不贅述。

註八八　文臣憂防武將坐大，前已論述甚詳，而高宗更於紹興八年否決岳飛乞增兵事時，公開表示「今諸將之兵已患難於分合……尾大不掉，古人所戒……」則其心中忌防實已非同小可。（要錄卷一百十八紹興八年二月壬戌條）

第七章 結論

宋之建國，乃是太祖得助於五代藩鎮割據亂局中，武將彼此篡奪之遺緒而得位。但他稱帝後，卻能懍於此等弊端，以杯酒釋兵權之溫和手段，解除諸將軍柄，而達到中央集權之目的，跳出五代軍將篡奪相循局面，誠不愧爲一開國君主。

然其爲加強鞏固政權，遂厲行強幹弱枝的中央集權，及重文輕武之政策，在此等矯枉過正的措施下，地方軍事、民政、財賦三權全歸中央控制，武將不斷被壓抑、防範，終成積弱不振的局面。而此等基本國策，在歷朝君主的奉效不渝下，既無力對抗來自北方、西北方的外族侵略，而冗兵、歲幣的負擔，隨著每次對外戰爭失敗而增加，終有變法之議，其目的也只是在求富、強罷了。然變法終告失敗，徒然成爲士大夫意氣之爭的犧牲品，剩下的是另一批投機份子披著它的外衣，從事腐敗宋廷政治的勾當。

靖康之難，實爲北宋末期政治、軍事、經濟、社會黑暗腐敗情形下的一次總結帳，徽欽二帝被虜北去，北宋朝廷瓦解。但士大夫感懷宋祖宗的德澤，卻唾棄了金人所擁立的張邦昌僞楚政權，改而推載宋徽宗第九子——康王構爲高宗，重建了南宋朝廷。當然，這羣以士大夫爲重心的官僚集團，依然承繼了自太祖以來的中央集權及重文輕武的理念，

高宗即位於兵馬倥傯之際，外有強敵窺伺，內部則因軍事潰敗、政權解體、經濟破產、社會混亂而形成盜寇肆虐的局面，在此存亡危急之際，如何維繫君權而不墜實爲第一要務。武將被充分授于權力，以完成外禦女眞，內蕩羣寇的目標，實爲高宗提擢諸將之用意。但從高宗的身世和經歷而言，這些中期的目標終成爲他的終極理想，至於國恨家仇也必隨著他的私心而雲消霧散，不幸的是，後來的歷史發展足適以證明他內心的齷齪無恥。

南宋初的立國是艱苦多辛的。雖有宗澤孤軍守汴牽制金軍南下，但諸盜羣集於其麾下，乃是受他個人忠義之感召，高宗既恇怯畏縮於南方而不返，逮宗澤去世，杜充的無能，羣盜後散去，終造中原淪陷。金人消滅北方反抗勢力後，即派兵追擊高宗，意圖一擧而亡宋祚。幸而遊牧民族不能適應江南溼熱氣候及湖澤地形，始告撤軍北歸，高宗方得稍減心中之恐懼，由海返陸，重建朝廷。

而建炎紹興之際，南宋擢劉、韓、張、岳四將，以剿撫策略收諸盜而廢其長，措置軍府，淮漢以南已粗可自立。金人則興起速驟，得地雖廣，不易治守，乃再襲僞楚故智，立劉豫僞齊政權，圖「以漢制漢」之策，逐漸消化其戰果。而女眞初起沿其游牧部族習俗，君權旁落，

貴族軍閥擅政，內部政爭不已，暫時無心對外，亦是其因之一。相對地，豫既甘爲虎倀，圖邀功固位，乃有紹興四年、六年之侵寇宋廷。然宋室自張浚出撫川陝後，雖遭富平之潰，但吳玠兄弟力戰，已可保固四川牽制金軍全力南下。而四將得專任之便，剿撫羣盜，戰力日強，因此能屢敗金齊大軍，而一改初期遇敵即潰的尷尬局面，宋室武力既強，北方恢復似乎在望。

但實則不然，諸將之任乃爲高宗保命權宜之計，蓋前宗澤武將早已爲汪、黃所摒於元帥府外，今諸將安得例外？況祖宗重文輕武，集權中央之遺訓已深植人心久矣。且諸將又各擁重兵在外，不但可節制州郡、任免地方官吏、招兵買馬外，又擁有榷買、回易，稅課、屯田等財政收入，實與五代藩鎮割據並無二致。而諸將初起，或慴於金人聲勢，往往不戰而退，反騷掠民間，早爲文臣所詬病指斥。其後又往往沾沾自喜於小勝，更趾高氣揚而驕縱跋扈，凌轢官府有之，抗拒朝命有之，不循法度有之，甚至有恃功脅上，干預朝政者，軍人勢力膨脹至此，乃爲有宋以來所未有也。諸文臣無不極力提醒高宗，而高宗本人豈不怵然心驚？蓋其祖宗以黃袍加身而得天下，百餘年後自己將淪爲因果報應乎？甚且高宗本身在即位短短十數年已遭三次兵變，苗、劉之叛尚且幾乎使他的皇位不保，張寶之變，患在腋肘幾有不測之虞、酈瓊之變，則幾動搖國本。既有此等前車之鑑，再衡以今諸將之作爲，兼以自己私心薰充，宋廷議和休戰已屬必然，爲速收諸將之軍權也。

北方女眞朝廷在貴族軍閥互相對立鬥爭下，先是宗翰、高慶裔主戰派失利，而主和派的宗磐、撻懶、宗雋等得勢。由於彼等野心較小，只圖保有中原，而劉豫先曾得罪於撻懶，況豫又屢屢南侵失利，終有廢豫歸宋河南論和之議，此乃紹興八年宋金和議之基礎。先前高宗頻頻遣使金廷，名爲遣問二帝，實欲請和，蓋以其爲金兵追竄於海上之經驗，自始即未對恢復抱有信心也。爾後諸將坐大，更構成內部之威脅，弭兵議和　自保更是高宗心中之目標，今金人主動答應議和，高宗豈不正中下懷？而羣臣囿於義理之辨，不明君主之憂，休休不已，無怪乎其峻拒震怒矣！

不過隨著金朝政局的再度發生變化，紹興八年和議也就成了鏡花水月。蓋主戰派的宗翰、高慶裔雖死或誅，其黨羽希尹等仍伺機而動，在結合另一主戰派大臣宗弼的合作下，宗磐、撻懶等主和派盡被誅除，希尹等隨即也被鬥死，宗弼總攬金廷大政，乃毁和議而南侵。

惟此時女眞兵力已失初時之銳猛，且長年征戰下兵士多已生厭戰之心。而南宋軍力在歷經戰陣後，已足以拒敵於疆埸而不懼，然卻不具北伐實力，此不可不明也。金既無力併宋，宋亦無力逐金，遂再有紹興十一年之和議，而諸將兵權也得收歸宋廷中央，金亦逐漸走向中央集權之政局，双方各守疆界，維持和平安定，直到金海陵帝南侵，和議始再破壞。

或謂宋軍何以無北伐之能呢？此可自三方面述之，一則宋之民生財計歷徽宗奢靡，靖康難後匪寇猖虐已形凋敝，今再經十餘年挹注金民財賦以養兵，則民窮財盡可知，而何得再支持恢復？次則文臣雖或有以義理反對議和，然其已承重文輕武習氣，對武將早存藐視之心，今見其志得意滿、驕橫肆暴，紛紛奏陳指斥，或提防猜嫌，文武二途勢成水火，恢復何從說起？況且秦檜者流，希承高宗意旨，力主和議，以宋君權獨斷之傳統，張浚、王庶不去，勾龍如淵、馮檝不進，豈其然？豈其然？再就武將而論，韓、岳雖力主恢復，張、劉則希戀權勢財力，君主既主和議，彼等豈可抗命？而祿、爵皆為官家所賜予，欲保富貴久遠，自是依順為上。何況諸將各擁重兵，互不相能，彼此不能衷心合作，抵銷實力，則論恢復實有河漢之妄矣。甚且者金人既有厭戰之念，宋軍豈無休息之意？試觀要錄所載紹興十年岳飛自郾城班師，軍令方下，軍士應時皆南鄉，旂靡轍亂，飛望之口呿不能合，以岳家軍軍律之嚴，竟有此等作為，則宋軍實亦疲困矣，故宋金議和實為當時時勢的一種趨勢。

然宋金既和，四將岳柄被收，劉、韓、張三將得享天年，而岳飛何獨罹冤禍？夷考飛之言行，則知其遭厄乃其來有自，飛以河北農夫而晉大將之列，雖由戰功，然高宗有意提拔應是不爭之事實，而飛並不體會高宗之企圖，光一味愛國心切，一意想恢復迎回二帝，試以高宗皇位的微妙關係，其內心豈能無所記掛？再加上請立皇子干預朝政，棄軍廬墓恃功脅上，紹興十一年軍事行動的逗遛不前，飛被禍的理由多矣，何況他自始至終反對反議，殺他正好作爲對主戰派之警告，因此終遭殺害。

而殺岳飛者，秦檜，欲殺岳飛者，高宗也。主和斥羣臣者，秦檜，欲主和斥羣臣者，高宗也。岳飛罹禍，廷臣無一敢言者，獨世忠敢面詰檜，然世忠所責之對象亦誤矣，而豈其不知乎？蓋爲時代環境所限囿，何敢有議上無君之念頭？世忠不敢有，也就變成秦檜賣國求和，即使後來高宗自己招供罪狀，承認議和乃出自己意，諸大臣又豈敢攻擊、批評他嗎？此乃爲君權威臨天下的時代裏，小人儒「忠君」毒素深入人心所造成必然之現象，實不足爲奇。故岳飛之死，乃爲君權專制下的必然結果。而朱熹等理學家竟無力衝破此等君臣之義的樊籠，則其理學境界之開展，實無法承繼孟子「君輕民貴」，張子「民胞物與」之恢宏胸襟，則宋儒道統政治理想失落，而宋以來的政治乃成臣民益恭順，君主益專暴之勢，實有所自！可不深思？

參考書目

一、史料

宋史　脫脫等撰　台北　商務印書館　影印百納本

金史　脫脫等撰　台北　商務印書館　影印百納本

建炎以來繫年要錄　李心傳　台北　文海出版社（宋史資料萃編第一輯）

建炎以來朝野雜記（甲、乙集）　李心傳　台北　文海出版社　宋史資料萃編第一輯

三朝北盟會編　徐夢莘　台北　大化書局

大金國志　宇文懋昭　台北　商務印書館　影印國學基本叢書

宋會要輯稿　徐松輯　台北　世界書局影印

文獻通考　馬端臨　新興書局

南宋文範　莊仲方編　台北　鼎文書局

續資治通鑑長編　李燾　台北　世界書局

續資治通鑑長編紀事本末　楊仲良　台北　文海出版社　宋史資料萃編第二輯
皇宋十朝綱要　李埴　台北　文海出版社　宋史資料萃編第一輯
宋史全文續資治通鑑　不著撰人　台北　文海出版社　宋史資料萃編第二輯
續資治通鑑　畢沅　台北　文化圖書公司
諸臣奏議　趙汝愚　台北　文海出版社　宋史資料萃編第二輯
宋名臣言行錄（五集）　李幼武纂　台北　文海出版社　宋史資料萃編第一輯
中興小紀　熊克　台北　文海出版社　宋史資料萃編第二輯
名臣碑傳琬琰集　杜大珪　台北　文海出版社　宋史資料萃編第二輯
宋朝事實　李攸　台北　藝文印書館　百部叢書
皇宋中興兩朝聖政　不著撰人　台北　文海出版社　宋史資料萃編第一輯
中興備覽　張浚　台北　藝文印書館　百部叢書
東都事略　王稱　台北　文海出版社　宋史資料萃編第一輯
北狩見聞錄　曹勛　台北　藝文印書館　百部叢書
靖康要錄　不著撰人　台北　藝文印書館　百部叢書
建炎復辟記　不著撰人　台北　藝文印書館　百部叢書

建炎維揚遺錄　不著撰人　台北　藝文印書館　百部叢書
靖康朝野簽名　不著撰人　台北　藝文印書館　百部叢書
中興禦侮錄　無名氏　台北　藝文印書館　百部叢書
朝野遺記　無名氏　台北　藝文印書館　百部叢書
靖康紀聞　丁特起　台北　藝文印書館　百部叢書
松漠紀聞　洪皓　台北　藝文印書館　百部叢書
北狩行錄　蔡鞗　台北　藝文印書館　百部叢書
避戎嘉話　石茂良　台北　藝文印書館　百部叢書
建炎筆錄　趙鼎　台北　藝文印書館　百部叢書
揮塵錄　王明清　台北　藝文印書館　百部叢書
玉昭新志　王明清　台北　藝文印書館　百部叢書
宗忠簡公集　宗澤　台北　中國文獻出版社
岳忠武王集　岳飛　台北　中國文獻出版社
金佗粹編　岳珂　浙江書局刻
忠穆集　呂頤浩　台北　商務印書館　四庫珍本

浮溪集　汪藻　台北　藝文印書館　百部叢書
靖康傳信錄　李綱　商務印書館　叢書集成初編
葉適集　葉適　台北　河洛圖書公司
秀水閒居錄　朱勝非　國學扶輪社輯古今說部叢書
容齋隨筆（五集）　洪邁　台北　商務印書館　四部叢刊
老學庵筆記　陸游　台北　木鐸出版社
燕翼詒謀錄　王栐　台北　木鐸出版社
僞楚錄輯補　朱希祖　台北　中華書局
僞齊錄校補　朱希祖　台北　中華書局
說郛　陶宗儀　台北　新興書局
宋稗類鈔　潘永因　台北　廣文書局
困學紀聞　王應麟　台北　商務印書館　國學基本叢書
齊東野語　周密　台北　藝文印書館　百部叢書
癸辛雜識　周密　台北　藝文印書館　百部叢書
石林燕語　葉夢得　台北　藝文印書館　百部叢書

宋史紀事本末　陳邦瞻　台北　三民書局
宋人軼事彙編　丁傳靖　台北　源流出版社
廿二史箚記　趙翼　台北　史學出版社
宋論　王夫之　台北　三人行出版社
宋大臣年表　萬斯同　台北　開明書局　廿五史補編
讀史方輿紀要　顧祖禹　台北　新興書局

二、近人研究專著

宋史　方豪　台北　中華文化事業出版事業委員會
宋遼金史　金毓黻　台北　樂天書局
遼金元史講義—乙金朝史　姚從吾　台北　正中書局
國史大綱　錢穆　台北　商務印書館
中華二千年史　鄧之誠　商務印書館
宋史新探　蔣復璁　台北　正中書局
宋遼金史研究論集　大陸雜誌社　台北　大陸雜誌社
遼金元史研究論集　大陸雜誌社　台北　大陸雜誌社

宋遼金元史研究論集　大陸雜誌社　台北　大陸雜誌社
宋史研究集（第一輯）　宋史座談會　台北　中華叢書編審委員會
宋史研究集（第二輯）　宋史座談會　台北　中華叢書編審委員會
宋史研究集（第三輯）　宋史座談會　台北　中華叢書編審委員會
宋史研究集（第六輯）　宋史座談會　台北　中華叢書編審委員會
岳飛史績考　李安　台北　正中書局
宋代人物與風氣　糕夢庵　台北　商務印書館　人人文庫
宋代政教史（上）　劉伯驥　台北　中華書局
女眞史論　陶晉生　台北　食貨出版社
宋明史研究論集—宋明衰亡時期　張天佑　華世出版社
宋遼金史論文稿　王明蓀　台北　明文書局
南宋中興四鎭　石文濟　文化大學博士論文
中國歷史人物論集　賴特編　中央研究院中美人文社會科學合作委員會譯　正中書局
國史論衡　鄺士元　台北　里仁書局
中國社會政治史（四）　薩孟武　台北　三民書局

三、論　文

宋代皇城司—君主獨裁權研究之一　佐伯富著　魏美月譯　東方雜誌十一卷二期

宋代走馬承受之研究—君主獨裁權研究之二（上、中、下）　佐伯富著　東方雜誌十三卷八—十期

南宋時四川總領所之財權及其影響　林天蔚　食貨月刊　復刊十卷十一期

南宋初信王榛抗金始末　陶晉生　文化復興月刊　三卷七期

紹興十二年以前南宋國情之研究　林瑞翰　大陸雜誌　十一卷六—七期

宋高宗初在相州（安陽）出任兵馬大元帥始末　李安　中原文獻　九卷十二期

略論宋代國計上的重大難題　王德毅　文化復興月刊　四卷一期

岳飛　劉子健　中國學人　第二期

唐高祖稱臣於突厥考辨　李樹桐　大陸雜誌二十六卷一、二期

再辨唐高祖稱臣於突厥事　李樹桐　大陸雜誌三十七卷八期

宋代一個國策的檢討　蔣復璁　大陸雜誌九卷七期